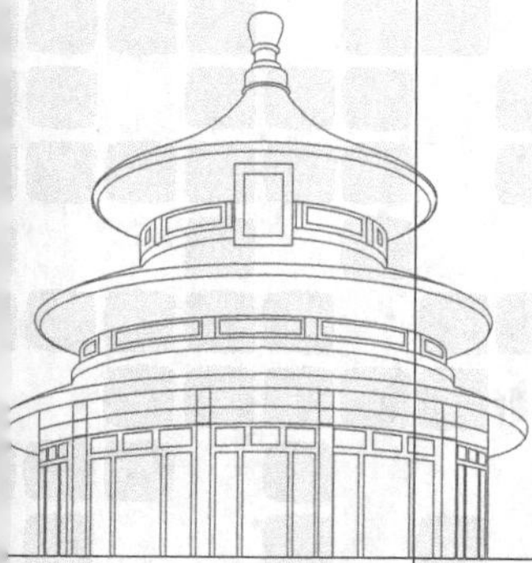

《北京市知识产权保护条例》解读

杨东起　主编

知识产权出版社
全国百佳图书出版单位
—北京—

图书在版编目（CIP）数据

《北京市知识产权保护条例》解读 / 杨东起主编．—北京：知识产权出版社，2023．4

ISBN 978－7－5130－8712－4

Ⅰ．①北…　Ⅱ．①杨…　Ⅲ．①知识产权保护—条例—法律解释—北京　Ⅳ．①D927．103．405

中国国家版本馆 CIP 数据核字（2023）第 053012 号

策划编辑： 齐梓伊　　**责任校对：** 潘凤越
责任编辑： 刘　雪　　**责任印制：** 孙婷婷
封面设计： 杰意飞扬·张悦

《北京市知识产权保护条例》解读

杨东起　主编

出版发行： 知识产权出版社有限责任公司　　**网　　址：** http：//www．ipph．cn
社　　址： 北京市海淀区气象路 50 号院　　**邮　　编：** 100081
责编电话： 010－82000860 转 8176　　**责编邮箱：** qiziyi2004@ qq．com
发行电话： 010－82000860 转 8101/8102　　**发行传真：** 010－82000893/82005070/82000270
印　　刷： 北京建宏印刷有限公司　　**经　　销：** 新华书店、各大网上书店及相关专业书店
开　　本： 880mm×1230mm　1/32　　**印　　张：** 6．625
版　　次： 2023 年 4 月第 1 版　　**印　　次：** 2023 年 4 月第 1 次印刷
字　　数： 158 千字　　**定　　价：** 68．00 元

ISBN 978－7－5130－8712－4

编纂领导委员会

编写委员会

主　编： 杨东起

副主编： 潘新胜　周立权　李　钟

编　委：（以姓氏笔画为序）

王连洁	王　莹	王德道	石　英
朱　禾	向　非	刘亚奇	刘自钦
刘　朝	杜　永	李　泽	李春玲
肖尤丹	吴克非	张丽娟	张　檬
陈明涛	郑　岭	郝　青	柴　琛
徐海龙	徐　兟	黄显智	潘　伟

前　言

筑牢法治根基　打造首善之区

北京市知识产权局党组书记、局长　杨东起

中共中央、国务院印发《知识产权强国建设纲要（2021—2035 年）》，对我国知识产权事业的未来发展作出重大顶层设计。北京市深入贯彻党中央、国务院对知识产权重要战略部署和总体要求，于 2022 年 3 月 31 日通过了《北京市知识产权保护条例》（以下简称《条例》），为高质量建设知识产权强国示范城市，打造知识产权首善之区提供坚强法治保障。

一部推动新时期首都知识产权高质量发展的基础性法规。北京市委、市政府深入贯彻习近平总书记关于知识产权工作重要指示论述，自觉站在“两个大局”的高度认识和把握知识产权保护工作，审议通过《北京市知识产权强国示范城市建设纲要（2021—2035 年）》《“两区”建设知识产权全环节改革行动方案》，持续深化《关于强化知识产权保护的行动方案》《北京市“十四五”时期知识产权发展规划》，首都知识产权保护体系日臻完善，保护水平持续提升。2022 年，北京市知识产权保护工作在全国知识产权保护工作年度考核中获评优秀。高水平的知识产权保护成为首都高质量发展的不竭动力。截至 2022 年年底，北京市每万人发明专利拥有量达到218.3件，稳居全国首位。落实首都城市战略定位，贯彻新发展理念，高标准开展“两区”建设，持续优化营商环境，对首都知识产权保护工作提出新要求。新技术、新产业、新业态、新模式快速发展，加快建设全国统一大市场，统筹推进知识产权发展与安全，对首都知识产权保护工作提出了新挑战。制定一部符合首都城市战略定位和知识产权发展规律，彰显首都特色、反映时代特点、引领新时期首都知识产权保护工作高质量发展的地方性法规，具有重大且迫切的现实意义。《条例》充分发挥地方立法的补充、先行和创制作用，完善综合性知识产权保护制度，营造更高水平的市场化、法治化、国际化营商环境，促进知识产权治理体系和治理能力现代化，成为新时期打造知识产权首善之区的基础性法规。

一次新时期在法治轨道上推进首都知识产权首善之区建设的重要实践。《条例》深入贯彻习近平法治思想，坚持党的领导，积极运用法治思维和法治方式解决制约首都知识产权事业高质量发展的突出问题，既立足当下，又放眼长远，为铺就符合首都高质量发展要求的知识产权法治道路作出了重要探索。一是坚持以人民为中心。《条例》完善知识产权快速协同保护机制，依法实施侵权惩罚性赔偿制度，同时就网络平台、展会等有关主体的权利义务进行充分平衡，有效维护社会公众利益。二是坚持走首都特色知识产权法治道路。《条例》固化提升知识产权保护的“北京经验”，着力打造知识产权保护“北京样板”。三是坚持法治政府与法治社会一体建设。《条例》确立行政、司法保护职责边界，支持社会主体自律守法，推动形成综合治理格局。四是坚持科学民主立法。立法工作坚持全过程民主，组织开展专题调研20余次，组建专家工作组全程提供智力支持，公开征求意见，扩大公众参与。

《条例》最大程度凝聚社会共识，着力提升立法科学性、规范性。五是坚持统筹国内和涉外法治。《条例》深化"两区"知识产权改革，健全涉外知识产权风险防控体系，统筹推进扩大开放进程和依法维护知识产权领域国家安全。

一部展现新时期知识产权保护首都特色的综合性法规。当前，首都知识产权事业加速步入高质量发展的新时代。《条例》紧扣知识产权保护与高质量发展主题，贯穿全环节，打通全链条，集中展现新时期知识产权保护的首都特色。一是以知识产权战略为导向，构建知识产权保护工作新格局。《条例》坚持从战略高度谋划知识产权保护工作，按照"严、大、快、同"的整体要求，确立"全面、严格、快捷、平等"的工作原则，构建行政监管、司法保护、行业自律、社会监督、公共服务、纠纷多元调处的保护格局，倡导"尊重知识、崇尚创新、诚信守法、公平竞争"的知识产权文化理念。二是以首都城市战略定位为核心，服务首都经济社会高质量发展。《条例》聚焦高质量知识产权培育和转化运用，健全专利导航制度，完善知识产权质押融资机制，推动知识产权交易平台建设。三是以深化改革为牵引，持续营造良好营商环境。《条例》秉持创新理念，支持"两区"建设和中关村国家自主创新示范区知识产权保护体制机制先行先试，扩大开放合作，持续提升知识产权公共服务和涉外服务水平。四是以全链条保护为基准，推动重点领域改革。《条例》坚持综合保护、重点突破，加强商标、重点作品、传统文化、奥林匹克标志等知识产权保护，强化网络平台、展会、大型文化体育活动等重点场景中的知识产权保护责任，探索数据有关活动、数字贸易等知识产权保护制度。五是以社会共治为纽带，促进知识产权治理体系和治理能力现代化。《条例》丰富知识产权保护手段，建立专利纠纷行政裁决与确权程序联动机制，健全纠纷多元解决机制，完善合规承诺、信用评价和失信惩戒制度。

《条例》已于2022年7月1日起正式施行。北京市知识产权局将会同全市各有关部门，认真落实党的二十大对知识产权工作的新部署、新要求，进一步完善首都知识产权法规政策体系，形成贯彻实施工作合力，营造良好法治环境，努力成就一部经得起历史检验的知识产权善治良法，为知识产权强国示范城市建设筑牢法治根基。

目　录

北京市人民代表大会常务委员会公告

（第 72 号）

《北京市知识产权保护条例》已由北京市第十五届人民代表大会常务委员会第三十八次会议于 2022 年 3 月 31 日通过，现予公布，自 2022 年 7 月 1 日起施行。

北京市第十五届人民代表大会常务委员会

2022 年 3 月 31 日

北京市知识产权保护条例

（2022 年 3 月 31 日北京市第十五届人民代表大会常务委员会第三十八次会议通过）

目　　录

第一章　总　　则

第一条　为了加强知识产权保护，激发创新创造活力，建设知识产权首善之区，支持和促进国际科技创新中心和全国文化中心建设，服务和推动首都经济社会高质量发展，根据有关法律、行政法规，结合本市实际情况，制定本条例。

第二条　本市行政区域内知识产权保护及相关活动，适用本条例。

第三条 本市对权利人依法就下列客体享有的知识产权予以保护：

（一）作品；

（二）发明、实用新型、外观设计；

（三）商标；

（四）地理标志；

（五）商业秘密；

（六）集成电路布图设计；

（七）植物新品种；

（八）法律规定的其他客体。

第四条 本市倡导尊重知识、崇尚创新、诚信守法、公平竞争的知识产权文化理念，加强知识普及和文化宣传，增强全社会知识产权保护意识，营造有利于促进知识产权高质量发展的人文社会环境。

本市每年发布知识产权保护状况白皮书，向社会公示本市知识产权保护状况。

第五条 本市知识产权保护工作坚持全面、严格、快捷、平等的原则，构建行政监管、司法保护、行业自律、社会监督、公共服务、纠纷多元调处的知识产权保护格局，健全制度完善、运行高效、管理科学、服务优化的知识产权保护体系。

第六条 市、区人民政府应当加强对知识产权保护工作的领导，将知识产权保护工作纳入国民经济和社会发展规划和计划，制定知识产权发展战略、规划和计划，保障知识产权发展资金的投入，将知识产权保护情况纳入营商环境和高质量发展评价体系。

市、区人民政府建立健全知识产权办公会议制度，统筹推进知识产权工作中的重大事项，协调解决重点和难点问题，督促有关知识产权政策措施的落实。

第七条 知识产权部门负责知识产权工作的统筹协调，推动知识产权保护工作体系建设。

知识产权部门和市场监督管理部门按照职责分工负责专利、商标、地理标志、商业秘密等保护的相关管理工作；版权、文化和旅游部门按照职责分工负责著作权保护的相关管理工作；农业农村、园林绿化部门按照职责分工负责植物新品种保护的相关管理工作。

发展改革、科技、经济和信息化、财政、广播电视、商务、教育、人力资源社会保障、金融监督管理、公安、司法行政等部门按照各自职责做好知识产权保护相关工作。

第八条 支持企业、高等院校、科研机构等探索移动互联网、大数据、人工智能、量子科技、前沿生物技术等新技术、新产业、新业态、新模式的知识产权管理措施和保护模式。

支持在国家服务业扩大开放综合示范区、中国（北京）自由贸易试验区、中关村国家自主创新示范区等建设中，根据国家授权，进行知识产权保护体制机制、政策措施等方面的探索创新。

第九条 本市加强京津冀知识产权保护区域合作，开展案件线索移送、调查取证、协助执行、联合执法等工作，共享专家智库、服务机构等资源，推动信息互通、执法互助、监督互动、经验互鉴；强化与其他省市的知识产权保护协作。

第十条 本市扩大知识产权领域开放合作，支持境外知识产权服务机构、仲裁机构等依法在本市设立机构、开展业务，推动建立国际知识产权交易、运营平台。

第十一条 对在知识产权保护及相关活动中作出突出贡献的个人和单位，按照国家和本市有关规定予以表彰奖励。

第二章 行政保护和司法保护

第十二条 知识产权、市场监督管理、版权、文化和旅游、农业农村、园林绿化等负有知识产权保护管理职责的部门（以下统称知识产权保护管理部门）应当完善执法协作工作平台，建立知识产权侵权违法行为线上线下快速协查机制，开展远程、移动实时监测监控；对网络平台、展会、大型市场、大型文化体育活动等实施重点监督检查，及时发现、查处重复侵权、恶意侵权、群体侵权等知识产权侵权违法行为。

第十三条 知识产权保护管理部门在查处涉嫌侵权违法行为时，有权采取下列措施：

（一）询问有关当事人，调查有关情况；

（二）查阅、复制有关资料；

（三）对有关场所和物品实施现场检查；

（四）对有关场所和物品依法查封或者扣押。

知识产权保护管理部门依法行使前款规定职权时，当事人应当予以协助、配合，不得拒绝、阻挠。

第十四条 市知识产权部门或者有关区人民政府设立的知识产权保护机构，通过专利预审、维权指导、保护协作等方式，提供知识产权保护服务，为国家重点发展产业和本市战略性新兴产业等领域的专利申请获得快速审查提供支持。

第十五条 知识产权部门、市场监督管理部门应当加强商标管理，规范注册商标使用行为，对侵犯注册商标专用权、恶意申请商标注册、违法从事商标代理业务等行为依法予以查处。

第十六条 版权、文化和旅游部门应当加强对著作权侵权违法行为的监管，制定适应网络环境和数字经济形态的著作权保护措施。

市版权部门应当建立重点作品版权保护预警制度，对国家和本市版权部门确定的重点监管网站加强监管；完善作品自愿登记工作制度，支持自然人、法人和非法人组织进行作品自愿登记。

第十七条 市场监督管理等部门应当指导市场主体建立健全商业秘密保护机制，通过明确管理规则、采取技术措施、签订保密协议、开展风险排查和教育培训等方式保护商业秘密。

行政机关、司法机关以及仲裁、调解等服务机构及其工作人员对履行职责、提供服务过程中知悉的商业秘密，负有保密义务，不得泄露或者非法向他人提供。

第十八条 知识产权保护管理部门应当会同有关部门加强传统文化领域和奥林匹克标志的知识产权保护，为相关专利申请、商标注册、作品登记、商业秘密保护等提供咨询和指导。

第十九条 知识产权保护管理部门及其他有关部门应当依法保护数据收集、存储、使用、加工、传输、提供、公开等活动中形成的知识产权，引导数据处理者建立健全全流程知识产权管理制度，强化知识产权保护意识。

第二十条 市知识产权部门制定数字贸易知识产权保护指引，指导市场主体了解目标市场产业政策、贸易措施、技术标准等，对标国际通行知识产权保护规则，做好数字产品制造、销售等全产业链知识产权侵权风险甄别和应对。

第二十一条 单位或者个人向境外转移国家限制出口的技术涉及知识产权对外转让的，市商务、知识产权、科技、农业农村、园林绿化等部门应当按照规定进行审查。

外国投资者并购在京企业涉及知识产权对外转让，且该并购属于国家规定的安全审查范围的，市知识产权、版权、农业农村、园林绿化等部门应当配合国务院有关部门开展审查工作。

第二十二条 任何单位或者个人有权向知识产权保护管理部门投诉、举报知识产权侵权违法行为。

知识产权保护管理部门应当健全知识产权侵权违法行为投诉、举报处理机制，对接12345市民服务热线及其网络平台，及时处理投诉、举报线索，并按规定将处理结果反馈投诉人、举报人。

第二十三条 人民法院应当完善知识产权审判机制，依法实施知识产权侵权惩罚性赔偿、知识产权行为保全等制度，优化司法资源配置，提高知识产权案件审判质量和效率。

支持北京知识产权法院、北京互联网法院等审判机关加强知识产权审判功能建设，发挥专业化审判作用。

人民法院、人民检察院应当对知识产权案件中反映的普遍性、规律性问题，通过发布典型案例、司法保护状况以及提出司法建议、检察建议等方式，为政府部门、市场主体等健全制度、加强管理、消除隐患提供指引。

第二十四条 人民法院、人民检察院、公安机关应当依法惩治知识产权犯罪，加大对链条式、产业化知识产权犯罪的惩治力度。

第二十五条 本市健全技术调查官制度。人民法院、人民检察院、知识产权保护管理部门处理涉及专利、计算机软件、集成电路布图设计、技术秘密、植物新品种等专业技术性较强的知识产权案件，可以邀请、选聘相关专业技术人员担任技术调查官，提出技术调查意见，为认定技术事实提供参考。

第二十六条 人民法院、人民检察院、知识产权保护管理部门应当结合新技术特点，健全相关证据规则。

鼓励当事人采用时间戳、区块链等电子存证技术获取、固定知识产权保护相关证据。

第二十七条 本市建立健全知识产权行政保护和司法保护衔接机制，推动知识产权保护管理部门与人民法院、人民检察院、公安机关之间开展知识产权案件移送、线索通报、信息共享。

第三章 社会共治

第二十八条 网络服务提供者应当依法履行知识产权保护义务，并遵守下列规定：

（一）建立知识产权保护规则，明确网络用户的知识产权保护义务、知识产权治理措施、争议解决方式等内容；

（二）采取与其技术能力、经营规模以及服务类型相适应的预防侵权措施；

（三）在显著位置公示权利人提交侵权通知的主要渠道，不得采用限定渠道、限制次数等方式限制或者变相限制权利人提交通知；

（四）及时公示侵权通知、不存在侵权行为的声明及处理结果。

第二十九条 在本市举办展览会、展示会、博览会、交易会（以下统称展会）等活动的，展会主办方、承办方应当依法履行知识产权保护义务，并遵守下列规定：

（一）对参展项目的知识产权状况开展展前审查，督促参展方对参展项目进行知识产权状况检索；

（二）要求参展方作出参展项目不侵犯他人知识产权的承诺，并与参展方约定知识产权投诉处理程序和解决方式；

（三）设立展会知识产权投诉机构或者指定专人负责接受投诉、调查处理，并将投诉、调查处理的相关资料在展会结束后报送市知识产权部门。

知识产权权利人或者利害关系人认为参展项目侵犯其知识产权的，可以向展会主办方、承办方投诉，并提供知识产权权利证明；展会主办方、承办方经调查，初步判定参展项目涉嫌侵权的，应当要求相关参展方按照约定采取遮盖、撤展等处理措施。

第三十条 大型文化体育活动的主办方、承办方，应当依法加强知识产权保护，完善知识产权授权合作机制和风险管控机制，规范知识产权运用行为。

第三十一条 本市建立知识产权合规承诺制度。单位或者个人参加政府采购、申请政府资金、参评政府奖项等活动，应当以书面形式作出相关产品、服务或者项目不侵犯他人知识产权的承诺。

鼓励市场主体在交易、投资、合作等市场活动中，作出不侵犯他人知识产权的承诺，并约定违反相应承诺的责任。

第三十二条 行业协会、商会、产业知识产权联盟等组织应当制定知识产权自律公约，加强自律管理，提供知识产权政策研究、宣传培训、人才培养、国际交流、协同创造运营、监测预警、纠纷调处等服务，对实施侵犯知识产权行为的成员进行内部惩戒。

支持版权行业协会利用新技术手段，提供版权数字认证、电子存证、维护管理、交易流转等服务，为市场主体明确权利来源、降低维权成本、提高运用效率提供支持。

第三十三条 本市建立健全知识产权信用评价和失信惩戒机制，依法对知识产权领域严重违法失信行为实施相应管理和惩戒措施。知识产权保护管理部门应当依法将有关行政处罚等信息，共享到本市公共信用信息服务平台，并向社会公布。

第三十四条 企业事业单位、社会组织不依法履行知识产权保护义务，造成不良影响的，知识产权保护管理部门可以对其法定代表人或者主要负责人进行约谈，督促整改。

第四章　促进与服务

第三十五条　本市建立专利导航制度，对重点行业、领域的专利信息开展分析，为宏观决策、产业规划、企业经营和创新活动提供指引。

发展改革、科技、经济和信息化等部门应当会同知识产权部门完善专利导航机制，开展专利导航，定期发布专利导航成果，组建专利导航项目成果数据库；鼓励企业、高等院校、科研机构等自行或者委托专业服务机构开展专利导航，为研究开发、生产经营、人才管理等提供依据和支撑。

市知识产权部门应当引导、支持公益性专利导航工具类产品的开发，组织开展专利导航培训。

第三十六条　支持企业、高等院校、科研机构等成立产业知识产权联盟，构建专利池，提高专利创造、运用、保护和管理的能力。

第三十七条　支持版权产业发展，建立数字出版精品库。鼓励新闻出版广播影视等方面的企业开展版权资产管理和运营，形成全产业链的开发经营模式，提升内容生产原创活力和转化质量。

第三十八条　知识产权部门会同商务等部门组织实施商标品牌战略工程，评估商标发展状况，引导市场主体培育商标品牌。

知识产权部门会同相关主管部门指导相关组织、企业完善技术标准、检验检测和质量体系，支持其申请地理标志产品保护，并通过注册证明商标、集体商标等方式保护地理标志。

第三十九条　本市建立重大经济科技活动知识产权分析评议

制度。发展改革、经济和信息化、科技、商务等部门应当会同知识产权部门，对政府投资的重大经济科技项目组织开展知识产权综合分析与评估，防范和化解知识产权风险。

第四十条 支持企业、高等院校、科研机构加强知识产权管理机构建设，建立健全覆盖全类型、全流程的知识产权管理制度，促进知识产权与科技创新、成果转化、产业发展的融合。

第四十一条 金融监督管理、知识产权等部门推动建立和完善知识产权质押融资风险分担、损失补偿和质物处置机制；支持商业银行、担保、保险等金融机构提供符合知识产权特点的金融服务，在风险可控的前提下扩大知识产权质押贷款规模，创新知识产权保险、信用担保等金融产品，为知识产权转化运用和交易运营提供金融支持。

支持评估机构、知识产权服务机构等探索符合知识产权特点的评估方法，开展知识产权价值评估服务，为知识产权质押融资等金融活动提供参考。

第四十二条 市、区人民政府推动知识产权交易、数字版权交易、国际影视动漫版权贸易等平台建设，提供知识产权权利登记、定价交易、评估评价、运营转化、金融服务等一体化服务。

第四十三条 鼓励市场主体设立股权投资基金，投资战略性新兴产业领域现有核心知识产权、具有行业前景和技术趋势的前沿技术。

第四十四条 市、区知识产权保护管理部门应当建立健全知识产权公共服务体系，依托知识产权公共服务中心、工作站等，加强宣传培训，免费提供法律咨询、维权援助、纠纷调解等服务。

市知识产权部门组织制定公共服务清单、标准和流程，并向社会公布；定期组织第三方机构对知识产权公共服务情况进行评估，提升公共服务质量。

市知识产权公共服务中心组织行业、法律、技术等方面专家成立知识产权保护志愿服务队伍，为中小企业、创新创业组织和团队等提供专业化的知识产权志愿服务。

第四十五条 本市建设知识产权公共信息服务平台，推动知识产权保护管理部门、人民法院、人民检察院、行业协会、知识产权服务机构之间信息共享，免费向社会提供知识产权公共信息查询、检索、咨询等服务。

鼓励有条件的高等院校、科研机构向社会开放知识产权信息服务资源。

第四十六条 市知识产权部门应当提供国别知识产权制度指引，及时发布风险预警提示信息，建立海外知识产权纠纷应对指导和维权援助机制，为处理海外知识产权纠纷提供专家、信息、法律等方面的支持。

鼓励企业、行业协会、商会等建立海外知识产权维权联盟，设立海外维权援助互助基金，提高海外知识产权风险防范和纠纷应对能力。

第四十七条 本市促进和规范知识产权服务业发展，指导相关行业协会开展分级分类评价；培育国际化、市场化、专业化知识产权服务机构，支持其依法开展知识产权代理、咨询、投融资等活动；鼓励发展高附加值的知识产权服务。

第四十八条 鼓励高等院校加强知识产权人才培养，开设知识产权相关专业和课程，开展知识产权学历教育，培养复合型、应用型、国际化知识产权人才。

本市将知识产权培训纳入职业技能提升计划，扩大知识产权职业培训规模；组织对从事知识产权行政管理、司法、公共服务、科技创新等工作的相关人员开展业务培训。鼓励、引导行业协会、商会等开展知识产权人才职业技能水平评价。

第五章 纠纷多元调处

第四十九条 当事人可以就专利侵权纠纷依法向知识产权部门申请行政裁决。

市知识产权部门对当事人提起专利无效宣告请求的案件，与国务院专利行政部门建立行政裁决与确权程序的联动机制，协同推进专利侵权纠纷处理。

第五十条 当事人可以就知识产权纠纷依法向知识产权保护管理部门申请调解。经调解签订调解协议且调解协议内容符合相关法律规定的，人民法院依当事人申请予以司法确认。

第五十一条 鼓励行业协会、商会等成立行业性、专业性知识产权纠纷人民调解组织，提供调解服务。知识产权、版权、司法行政等部门应当给予支持和指导。

鼓励知识产权服务机构、法律服务机构等提供便捷、高效的知识产权纠纷调解服务。

第五十二条 本市建立知识产权纠纷诉调对接机制，推广利用调解方式快速解决纠纷。人民法院可以在立案前建议当事人选择调解方式解决纠纷，也可以在立案后经当事人同意委托调解组织或者调解员进行调解；经调解签订调解协议且调解协议内容符合相关法律规定的，人民法院依当事人申请予以司法确认或者制作调解书，并按照有关规定减免诉讼费。

第五十三条 支持仲裁机构加强知识产权纠纷仲裁服务能力建设，为当事人提供专业、优质、高效的仲裁服务。政府有关部门应当为仲裁机构开展涉外知识产权仲裁业务提供相关人员工作居留及出入境、跨境收支等方面的便利。

第六章　法律责任

第五十四条　网络服务提供者违反本条例第二十八条规定的，由文化和旅游、市场监督管理等部门责令限期改正；逾期不改正的，处一万元以上五万元以下罚款；情节严重的，处五万元以上二十万元以下罚款。

第五十五条　展会主办方、承办方违反本条例第二十九条规定的，由知识产权部门责令改正，根据情节轻重，可以处警告、通报批评或者三万元以上十万元以下罚款。

第五十六条　违反本条例规定，侵犯他人知识产权的，依法承担民事责任；构成犯罪的，依法追究刑事责任。

第七章　附　　则

第五十七条　本条例自2022年7月1日起施行。

第一章　总　　则

第一条　为了加强知识产权保护，激发创新创造活力，建设知识产权首善之区，支持和促进国际科技创新中心和全国文化中心建设，服务和推动首都经济社会高质量发展，根据有关法律、行政法规，结合本市实际情况，制定本条例。

条文条旨

本条是关于条例立法宗旨和立法依据的规定。

条文说明

关于立法宗旨。《条例》的立法宗旨是加强知识产权保护，激发创新创造活力，建设知识产权首善之区，支持和促进国际科技创新中心和全国文化中心建设，服务和推动首都经济社会高质量发展。

首先，加强知识产权保护是激发创新创造活力的基本保障。习近平总书记明确提出："创新是引领发展的第一动力，保护知识产权就是保护创新。"作为保护科技创新的一项基础性制度，知识产权制度在鼓励发明创造、促进科技成果应用、保护创新创造成果以及推动科技进步和经济社会高质量发展等方面起到了不可替代的重要作用。本市创新资源丰富，知识产权数量和质量均位居全国前列。截至 2021 年 7 月，本市专利授权量 87.7 万件，有效发明专利量37.8万件，每万人发明专利拥有量172.6件（居全国首位）；商标有效注册量239.3万件。2020年著作权登记量100.5万件，软件著作权登记量20.4万件。①

其次，《条例》的公布是加快建设知识产权首善之区的法律保障。2009年4月，北京市人民政府发布《北京市人民政府关于实施首都知识产权战略的意见》（京政发〔2019〕11号），在“战略目标”中首次提出，以建设“人文北京、科技北京、绿色北京”为契机，继续推进从保护和促进两方面开展六项工作，实现首都知识产权发展首善之区目标的“首都知识产权一二六工程”。2017年3月，北京市人民政府发布《北京市人民政府关于加快知识产权首善之区建设的实施意见》（京政发〔2017〕4号），在“主要目标”中提出，到2020年，知识产权的创造水平大幅提高，运用效果显著增强，保护状况持续优化，服务能力明显提升，人才队伍不断壮大，知识产权与经济发展深度融合，成为全国知识产权创造运用的龙头、国际交往的窗口、服务资源的高地，初步建成知识产权首善之区；部署了健全知识产权综合管理机制、实施严格的知识产权保护、促进知识产权创造运用、发展知识产权服务业、实施知识产权重点发展工程、推动知识产权国际化发展六个方面、共27项重点任务，以期深入实施国家知识产权战略，全面提升首都知识产权综合实力，为建设国际一流的和谐宜居之都提供有力支撑。多年来，本市围绕首都城市战略定位和知识产权首善之区的目标，不断完善行政执法、司法审判、多元调解、商事仲裁、法律服务、社会监督、行业自律“七位一体”的保护格局，构建规范管理和严格执法有机衔接的保护模式，知识产权保护能

---

① 《〈北京市知识产权保护条例〉全文公布！权威解读也来了》，载百度百家号“京报网”，2022年4月25日。

力和保护水平得到全面提升。《条例》的公布有利于全面固化提升此前知识产权首善之区建设的成功经验，并为新时期进一步加快知识产权首善之区建设提供更加坚实的法律保障。

再次，《条例》的公布也是支持和促进国际科技创新中心和全国文化中心建设的关键举措。《条例》是全国首部将支持和促进科技创新中心建设纳入立法宗旨的地方法规，充分反映了知识产权在保障科技创新、服务国家战略科技力量中的基础保障作用。2014年2月，习近平总书记在北京考察时指出，北京要明确城市战略定位，坚持和强化首都全国政治中心、文化中心、国际交往中心、科技创新中心的核心功能，要求努力把北京建设成为国际一流的和谐宜居之都。2017年9月，中共中央、国务院批复《北京城市总体规划（2016年—2035年）》，进一步明确："北京是中华人民共和国的首都，是全国政治中心、文化中心、国际交往中心、科技创新中心。"其中，"万人发明专利拥有量"指标被纳入《北京城市总体规划（2016年—2035年）》。因此，北京市有必要立足首都"四个中心"功能定位，通过地方立法进一步强化知识产权全面保护机制，全面提高知识产权保护服务和支持国际科技创新中心和全国文化中心建设的能力和水平。

最后，《条例》的公布是进一步服务和推动首都经济社会高质量发展的客观要求。习近平总书记明确提出，知识产权保护工作关系国家治理体系和治理能力现代化，关系高质量发展，关系人民生活幸福，关系国家对外开放大局，关系国家安全。全面建设社会主义现代化国家，必须从国家战略高度和进入新发展阶段要求出发，全面加强知识产权保护工作，促进建设现代化经济体系，激发全社会创新活力，推动构建新发展格局。北京市始终将加强知识产权保护作为优化营商环境、推动高质量发展的重要抓手。

2019 年，北京市在国家营商环境评价“知识产权创造、保护和运用”指标考核中名列全国第一。《中国知识产权指数报告 2019》显示，北京市知识产权综合实力已经连续十年位居全国第一。

当前，北京市立足首都“四个中心”功能定位，贯彻新发展理念，高标准开展“两区”建设，持续优化营商环境，对知识产权保护工作提出新要求。新技术、新产业、新业态、新模式快速发展，加快建设全国统一大市场，统筹推进知识产权发展与安全，对首都知识产权保护工作提出新挑战。制定一部符合首都城市战略定位和知识产权发展规律，彰显首都特色、反映时代特点、引领新时期首都知识产权保护工作高质量发展的地方性法规，具有重大且迫切的现实意义。

关于立法依据。根据《中华人民共和国立法法》（以下简称《立法法》）第 72 条、第 73 条，省、自治区、直辖市的人民代表大会及其常务委员会根据本行政区域的具体情况和实际需要，在不同宪法、法律、行政法规相抵触的前提下，可以制定地方性法规。地方性法规可以就下列事项作出规定：（1）为执行法律、行政法规的规定，需要根据本行政区域的实际情况作具体规定的事项；（2）属于地方性事务需要制定地方性法规的事项。除本法第八条规定的事项外，其他事项国家尚未制定法律或者行政法规的，省、自治区、直辖市和设区的市、自治州根据本地方的具体情况和实际需要，可以先制定地方性法规。

一方面，我国尚未在国家层面制定综合性知识产权法律，但是《中华人民共和国民法典》（以下简称《民法典》）第 123 条和《中华人民共和国科学技术进步法》（2021 修订，以下简称《科学技术进步法》）第 13 条已对知识产权作出了总体性规定，为《条例》的制定提供了原则性依据。前者主要是明确了知识产权的权利性质与法律内涵；后者则明确规定了国家保护知识产权的法定责任，即“制定和实施知识产权战略，建立和完善知识产权制度，营造尊重知识产权的社会环境，保护知识产权，激励自主创新”。

另一方面，我国在国家层面已经形成的专门性知识产权法律法规也是《条例》制定的主要依据。主要包括《中华人民共和国专利法》（2020修正，以下简称《专利法》）、《中华人民共和国商标法》（2019修正，以下简称《商标法》）、《中华人民共和国著作权法》（2020修正，以下简称《著作权法》）、《中华人民共和国反不正当竞争法》（2019修正，以下简称《反不正当竞争法》）、《中华人民共和国电子商务法》（以下简称《电子商务法》）、《集成电路布图设计保护条例》、《中华人民共和国植物新品种保护条例》（以下简称《植物新品种保护条例》）、《信息网络传播权保护条例》等法律、行政法规。

第二条 本市行政区域内知识产权保护及相关活动，适用本条例。

条文条旨

本条是关于条例适用范围的规定。

条文说明

本条从空间范围和调整事项两个角度对条例的适用范围予以界定，明确了条例的法律适用关系。

关于空间范围。根据《立法法》的基本原理，地方性法规是省、自治区、直辖市的人民代表大会及其常务委员会依法行使地方立法职权的产物，因此其空间适用范围显然与国家法律在全境的普遍适用有所不同，而应当以其制定机关所在的行政区域为限。因此，本条遵循属地管辖的基本原则，明确适用条例的地域范围为本市行政区域内。

关于调整事项。本条明确规定条例的调整事项为知识产权保护及相关活动。知识产权保护活动，既包括权利人及其委托人、代理人为保护知识产权所开展的各类活动，也包括依法负有保护职责的市区政府、行政部门、司法机关和社会组织开展的各类知识产权保护活动，以及其他单位和个人依法履行知识产权保护义务的活动。同时，还包括为上述主体的知识产权保护活动提供市场化服务的活动。此外，本条规定中的相关活动，则主要包括与上述知识产权保护相关的知识产权创造、运用、管理和服务及其促进活动。

第三条　本市对权利人依法就下列客体享有的知识产权予以保护：

（一）作品；

（二）发明、实用新型、外观设计；

（三）商标；

（四）地理标志；

（五）商业秘密；

（六）集成电路布图设计；

（七）植物新品种；

（八）法律规定的其他客体。

条文条旨

本条是关于本市知识产权保护的客体范围的规定。

条文说明

本条依据《民法典》第 123 条对知识产权的定义，以列举的方式规定了本市知识产权保护范围，包括著作权、专利权、商标权、地理标志权、商业秘密权、集成电路布图设计权、植物新品种权等权利。

关于知识产权保护客体的具体类型。

一是作品。《著作权法》第 3 条规定："本法所称的作品，是指文学、艺术和科学领域内具有独创性并能以一定形式表现的智力成果，包括：（一）文字作品；（二）口述作品；（三）音乐、戏剧、曲艺、舞蹈、杂技艺术作品；（四）美术、建筑作品；（五）摄影作品；（六）视听作品；（七）工程设计图、产品设计图、地图、示意图等图形作品和模型作品；（八）计算机软件；（九）符合作品特征的其他智力成果。"因此，凡是具有创造性并能以一定形式表现的文学、艺术、科学领域内的智力成果，都是作品。

二是发明、实用新型、外观设计。《专利法》第 2 条规定："本法所称的发明创造是指发明、实用新型和外观设计。发明，是指对产品、方法或者其改进所提出的新的技术方案。实用新型，是指对产品的形状、构造或者其结合所提出的适于实用的新的技术方案。外观设计，是指对产品的整体或者局部的形状、图案或者其结合以及色彩与形状、图案的结合所作出的富有美感并适于工业应用的新设计。"

三是商标。《商标法》第 8 条规定，任何能够将自然人、法人或者其他组织的商品与他人的商品区别开的标志，都可以作为商标申请注册；商标标志的构成要素包括文字、图形、字母、数字、三维标志、颜色组合和声音等，以及上述要素的组合。依据《商标法》的相关规定，一方面，申请注册的商标应当满足商标注册的绝对条件（合法性、显著性、非功能性）和相对条件（不能与他人在先取得的合法权利相冲突）。另一方面，未注册驰名商标、在先使用有一定影响商标（未注册知名商标）还受到《商标法》与《反不正当竞争法》的保护。

四是地理标志。《商标法》第 16 条第 2 款规定："前款所称地理标志，是指标示某商品来源于某地区，该商品的特定质量、信誉或者其他特征，主要由该地区的自然因素或者人文因素所决定的标志。"依据《商标法》和《中华人民共和国商标法实施条例》（2014 修订，以下简称《商标法实施条例》）的规定，地理标志可以作为证明商标或者集体商标申请注册；依据《地理标志产品保护规定》和《农产品地理标志管理办法》的规定，地理标志产品受到法律保护。

五是商业秘密。《反不正当竞争法》第 9 条第 4 款规定："本法所称的商业秘密，是指不为公众所知悉、具有商业价值并经权利人采取相应保密措施的技术信息、经营信息等商业信息。"由此，商业秘密权在符合保密的条件下，可以转让、独占许可或者继承，与其他类型知识产权一样。

六是集成电路布图设计。《集成电路布图设计保护条例》第 2 条第 1 项规定："集成电路，是指半导体集成电路，即以半导体材料为基片，将至少有一个是有源元件的两个以上元件和部分或者全部互连线路集成在基片之中或者基片之上，以执行某种电子功能的中间产品或者最终产品。"第 2 条第 2 项规定："集成电路布图设计（以下简称布图设计），是指集成电路中至少有一个是有源元件的两个以上元件和部分或者全部互连线路的三维配置，或者为制造集成电路而准备的上述三维配置。”

七是植物新品种。根据《植物新品种保护条例》第 2 条规定：“本条例所称植物新品种，是指经过人工培育的或者对发现的野生植物加以开发，具备新颖性、特异性、一致性和稳定性并有适当命名的植物品种。”第 6 条规定：“完成育种的单位或者个人对其授权品种，享有排他的独占权。任何单位或者个人未经品种权所有人（以下称品种权人）许可，不得为商业目的生产或者销售该授权品种的繁殖材料，不得为商业目的将该授权品种的繁殖材料重复使用于生产另一品种的繁殖材料；但是，本条例另有规定的除外。”

八是法律规定的其他客体。文学艺术领域和科学技术领域内的创新活动、商业竞争领域的商业模式在未来发展过程中所不断涌现的新创新成果、新商业模式，会带来既有法律规制因立法空白难以调整规范的新利益冲突与新利益分配需求。如果这些新利益冲突与新利益分配需求对既有的经济社会关系产生重大影响，突破了现行法律制度的调整范畴，那么法律应当基于社会共识承认新的利益分配需求，赋予新的创新成果或商业模式以独占、排他的财产权。

相关规则

《民法典》第 123 条第 2 款规定：“知识产权是权利人依法就下列客体享有的专有的权利：（一）作品；（二）发明、实用新型、外观设计；（三）商标；（四）地理标志；（五）商业秘密；（六）集成电路布图设计；（七）植物新品种；（八）法律规定的其他客体。”

第四条 本市倡导尊重知识、崇尚创新、诚信守法、公平竞争的知识产权文化理念，加强知识普及和文化宣传，增强全社会知识产权保护意识，营造有利于促进知识产权高质量发展的人文社会环境。

本市每年发布知识产权保护状况白皮书，向社会公示本市知识产权保护状况。

条文条旨

本条是关于知识产权人文社会环境的规定。

条文说明

关于知识产权文化理念。《知识产权强国建设纲要（2021—2035 年）》指出，要塑造尊重知识、崇尚创新、诚信守法、公平竞争的知识产权文化理念，厚植公平竞争的文化氛围，培养新时代知识产权文化自觉和文化自信，推动知识产权文化与法治文化、创新文化和公民道德修养融合共生、相互促进。《条例》本条明确规定，本市倡导尊重知识、崇尚创新、诚信守法、公平竞争的知识产权文化理念。

一方面，通过开展广泛的宣传活动，提高公众的知识产权保护意识，与知识产权文化传播相辅相成。构建内容新颖、形式多样、融合发展的知识产权文化传播矩阵，鼓励新闻媒体通过多种形式开展知识产权保护的公益宣传。

另一方面，通过增强尊重和保护知识产权的意识，推动知识产权文化与法治文化、传统文化、创新文化、诚信文化的深度融合，建设促进知识产权高质量发展的人文社会环境。

本条确定北京市每年以发布白皮书的形式，公示本市知识产权保护状况。

相关规则

《知识产权强国建设纲要（2021—2035 年）》指出，要塑造尊重知识、崇尚创新、诚信守法、公平竞争的知识产权文化理念。加强教育引导、实践养成和制度保障，培养公民自觉尊重和保护知识产权的行为习惯，自觉抵制侵权假冒行为。

国务院发布的《“十四五”国家知识产权保护和运用规划》（国办发〔2021〕20 号）强调要加强知识产权文化建设。

构建知识产权大宣传格局。围绕知识产权强国建设，统筹传统媒体与新兴媒体，用好融媒体，健全知识产权新闻发布制度。建立健全政府活动宣传、媒体传播报道、学界文章影响、国际文化交流相互促进的知识产权传播大矩阵。持续做好全国知识产权宣传周、中国知识产权年会等品牌宣传活动。讲好中国知识产权故事，展示文明大国、负责任大国形象。

厚植知识产权文化理念。增强全社会尊重和保护知识产权的意识，推动知识产权文化与法治文化、传统文化、创新文化、诚信文化深度融合。大力宣传锐意创新和诚信经营的典型企业，引导企业自觉履行尊重和保护知识产权的社会责任。开展贴近时代、贴近百姓、贴近生活的知识产权文化惠民活动。加强知识产权文化基础设施建设。探索建立“互联网 +”知识产权保护云博物馆。加大对中西部地区知识产权文化建设投入。开展知识产权文化建设理论和学术研究，以文化为媒，提升文化软实力。

第五条 本市知识产权保护工作坚持全面、严格、快捷、平等的原则，构建行政监管、司法保护、行业自律、社会监督、公共服务、纠纷多元调处的知识产权保护格局，健全制度完善、运行高效、管理科学、服务优化的知识产权保护体系。

条文条旨

本条是关于本市知识产权保护原则、格局、体系的规定。

条文说明

关于知识产权保护原则。本条明确规定本市知识产权保护坚持全面、严格、快捷、平等的原则。全面原则要求本市知识产权保护工作应当覆盖包括著作权、专利权、商标等全部知识产权类型。同时，应当覆盖各类知识产权创造、运用、保护、管理、服务的全链条、全环节。严格原则要求本市实行严格的知识产权保护制度，强化制度约束，严格执法程序，提高侵权违法成本，严厉打击知识产权违法犯罪，确立知识产权严保护导向。快捷原则要求本市优化知识产权保护协作衔接机制，强化知识产权快保护机构建设，加强跨部门跨区域办案协作，突破知识产权快保护关键环节。平等原则要求本市应当对各类主体实行平等的知识产权保护，不因主体的性质、类型、规模等因素而区别对待，依法保障各类主体享有公平、平等的知识产权权利。

关于知识产权保护格局。本条明确规定本市构建行政执法、司法审判、多元调解、商事仲裁、法律服务、社会监督、行业自律“七位一体”的保护格局。

关于知识产权保护体系。本条确立了本市制度完善、运行高效、管理科学、服务优化的知识产权保护体系。这一保护体系体现了以下四个特点：一是体现了激励创新与严格保护并重的原则；二是坚持打通知识产权创造、运用、保护、管理、服务全链条，增强系统保护能力；三是遵循“适度前瞻”的原则，探索新领域新业态的知识产权保护制度；四是平衡“有效市场”和“有为政府”之间的关系，集聚创新资源、营造创新生态。

相关规则

《知识产权强国建设纲要（2021—2035 年）》确立了以下四项工作原则：法治保障，严格保护；改革驱动，质量引领；聚焦重点，统筹协调；科学治理，合作共赢。

国务院发布的《“十四五”国家知识产权保护和运用规划》确立了坚持质量优先、坚持强化保护、坚持开放合作和坚持系统协同的基本原则。

中共中央办公厅、国务院办公厅《关于强化知识产权保护的意见》要求，坚持严格保护、统筹协调、重点突破、同等保护，不断改革完善知识产权保护体系。

第六条 市、区人民政府应当加强对知识产权保护工作的领导，将知识产权保护工作纳入国民经济和社会发展规划和计划，制定知识产权发展战略、规划和计划，保障知识产权发展资金的投入，将知识产权保护情况纳入营商环境和高质量发展评价体系。

市、区人民政府建立健全知识产权办公会议制度，统筹推进知识产权工作中的重大事项，协调解决重点和难点问题，督促有关知识产权政策措施的落实。

条文条旨

本条是关于市、区两级人民政府知识产权保护工作职责的规定。

条文说明

关于市、区政府主体责任。本条规定了市、区人民政府知识产权保护的工作职责，明确市、区人民政府是知识产权保护工作的领导主体，负有知识产权保护的属地主体责任。《关于强化知识产权保护的意见》明确要求“地方各级党委和政府要全面贯彻党中央、国务院决策部署，落实知识产权保护属地责任，定期召开党委或政府专题会议，研究知识产权保护工作，加强体制机制建设，制定配套措施，落实人员经费。要将知识产权保护工作纳入地方党委和政府重要议事日程，定期开展评估，确保各项措施落实到位。”

关于市、区政府具体职责。市、区两级人民政府知识产权保护工作职责主要包括以下三个方面。

一是保障知识产权发展资金的投入。《知识产权强国建设纲要（2021—2035 年）》明确要求：“加强条件保障。……综合运用财税、投融资等相关政策，形成多元化、多渠道的资金投入体系，突出重点，优化结构，保障任务落实。……”知识产权保护工作是现代社会管理的重要组成部分，是一项系统工程，是一项基础性、制度性、方向性、长远性的事业，需要财政预算长期的、持续的支持。因此，本条规定，要保障知识产权保护工作发展需要的经费和投入，充分反映事权与财权相对应的基本原则，有利于将知识产权保护工作落到实处，促进知识产权事业的健康、快速发展。

二是将知识产权保护情况纳入营商环境和高质量发展评价体系。这一规定与《知识产权强国建设纲要（2021—2035 年）》和《关于强化知识产权保护的意见》中提出的加强考核评估的要求相一致。《知识产权强国建设纲要（2021—2035 年）》要求，在对党政领导干部和国有企业领导班子考核中，注重考核知识产权相关工作成效。地方各级政府要加大督查考核工作力度，将知识产权强国建设工作纳入督查考核范围。《关于强化知识产权保护的意见》要求，建立健全考核评价制度，将知识产权保护绩效纳入地方党委和政府绩效考核和营商环境评价体系。

三是建立健全知识产权办公会议制度。1995 年 1 月，北京市人民政府印发《北京市人民政府贯彻国务院关于进一步加强知识产权保护工作决定的通知》（京政发〔1995〕2 号），决定建立北京市知识产权办公会议制度，成立北京市知识产权办公会议（以下简称办公会议），统筹推进全市知识产权战略实施和知识产权首善之区建设，协调解决重大事项，促进部门间协作，保障工作推进、增进信息交流和开展督查督办的议事协调机构。2019 年 1 月，办公会议成员单位调整为 33 家。办公会议下设办公室，设在北京市知识产权局，负责办公会议的组织、联络和协调工作；研究并提出办公会议议题，组织召开各类会议；协调、督促各成员单位落实办公会议决定；汇总并通报各成员单位有关工作情况；承办办公会议交办的其他事项。

相关规则

《知识产权强国建设纲要（2021—2035 年）》指出，要加强组织领导。全面加强党对知识产权强国建设工作的领导，充分发挥国务院知识产权战略实施工作部际联席会议作用，建立统一领导、部门协同、上下联动的工作体系，制定实施落实本纲要的年度推进计划。各地区各部门要高度重视，加强组织领导，明确任务分工，建立健全本纲要实施与国民经济和社会发展规划、重点专项规划及相关政策相协调的工作机制，结合实际统筹部署相关任务措施，逐项抓好落实。

加强条件保障。完善中央和地方财政投入保障制度，加大对本纲要实施工作的支持。综合运用财税、投融资等相关政策，形成多元化、多渠道的资金投入体系，突出重点，优化结构，保障任务落实。按照国家有关规定，对在知识产权强国建设工作中做出突出贡献的集体和个人给予表彰。

《国务院关于新形势下加快知识产权强国建设的若干意见》（国发〔2015〕71 号）规定，建立以知识产权为重要内容的创新驱动发展评价制度。完善发展评价体系，将知识产权产品逐步纳入国民经济核算，将知识产权指标纳入国民经济和社会发展规划。发布年度知识产权发展状况报告。

《国家知识产权局关于加快建设知识产权强市的指导意见》（国知发管字〔2016〕86 号）规定，研究建立科技创新、知识产权与产业发展相结合的创新驱动发展指标，并纳入国民经济和社会发展规划。

第七条 知识产权部门负责知识产权工作的统筹协调，推动知识产权保护工作体系建设。

知识产权部门和市场监督管理部门按照职责分工负责专利、商标、地理标志、商业秘密等保护的相关管理工作；版权、文化和旅游部门按照职责分工负责著作权保护的相关管理工作；农业农村、园林绿化部门按照职责分工负责植物新品种保护的相关管理工作。

发展改革、科技、经济和信息化、财政、广播电视、商务、教育、人力资源社会保障、金融监督管理、公安、司法行政等部门按照各自职责做好知识产权保护相关工作。

条文条旨

本条是关于本市知识产权部门的范围、职责及其分工的规定。

条文说明

本条规定了本市政府履行知识产权保护职责的部门范围，以及知识产权行政保护职责和履行保护职责。

关于知识产权部门。本条所称知识产权部门主要是指市、区两级知识产权局，其主要职能包括：负责组织协调本行政区域内保护知识产权工作，推动知识产权保护工作体系建设；会同有关部门建立知识产权执法协作机制，开展有关的行政执法工作；开展知识产权保护的宣传工作。

关于政府部门知识产权保护职责及其分工。本条将涉及知识产权保护的行政部门分为两类：第一类是依法负有知识产权保护职责的专门部门；第二类是承担特定领域或特定方式知识产权职责的部门。

其中，第一类专门部门主要是按照知识产权类型和依据上位法规定依法负有特定类型知识产权保护法定职责的部门。知识产权部门和市场监督管理部门按照职责分工负责专利、商标、地理标志、商业秘密等保护的相关管理工作；版权、文化和旅游部门按照职责分工负责著作权保护的相关管理工作；农业农村、园林绿化部门按照职责分工负责植物新品种保护的相关管理工作。

第二类部门主要是其管理职责范围涉及知识产权保护及其相关活动的部门，主要包括发展改革、科技、经济和信息化、财政、广播电视、商务、教育、人力资源社会保障、金融监督管理、公安、司法行政等部门。《条例》后续章节和条款中也有相应的知识产权保护职责要求。比如，《条例》第 35 条和第 39 条就规定了发展改革、科技、经济和信息化部门开展专利导航和知识产权分析评议的职责。

第八条　支持企业、高等院校、科研机构等探索移动互联网、大数据、人工智能、量子科技、前沿生物技术等新技术、新产业、新业态、新模式的知识产权管理措施和保护模式。

支持在国家服务业扩大开放综合示范区、中国（北京）自由贸易试验区、中关村国家自主创新示范区等建设中，根据国家授权，进行知识产权保护体制机制、政策措施等方面的探索创新。

条文条旨

本条是关于新技术、新产业、新业态、新领域知识产权保护方式改革创新探索的相关规定。

条文说明

本市创新主体就新技术、新产业、新业态、新模式的知识产权管理措施和保护模式进行探索创新；同时确认中国（北京）自由贸易试验区、国家服务业扩大开放综合示范区、中关村国家自主创新示范区开展先行先试，依照国家授权范围探索可复制、可推广的经验。对于知识产权保护的先行先试从以下两个层面进行规定。

一是新技术、新产业、新业态、新模式的知识产权保护。在上位法未对这些领域的创新成果进行知识产权赋权的情况下，本市需要探索适应新技术、新产业、新业态、新模式的知识产权保护方案并试点实施，由市场主体对移动互联网、大数据、人工智能、量子科技、前沿生物技术等新技术、新产业、新业态、新模式的专利权、著作权、商标权、商业秘密权、集成电路布图设计权、植物新品种权、数据权等知识产权以及新创新成果和新商业模式在管理措施和保护模式方面先行先试，创新可复制、可推广的管理标准和经验措施。

二是先行先试授权。北京正在全力推进建设具有全球影响力的科技创新中心，中国（北京）自由贸易试验区、国家服务业扩大开放综合示范区、中关村国家自主创新示范区是主阵地。根据国家授权，上述区域可以在知识产权的体制机制、政策措施、服务业发展、信用评价等方面先行先试。

总体而言，知识产权保护先行先试，有助于整合优化首都知识产权的丰富资源，通过先进的制度设计，以政府引导、企业和社会多方力量参与共建共享的形式，发挥知识产权对自主创新和产业升级的良好促进作用，激励创新、促进转化，与市场经济紧密结合，推动经济社会发展的现代化转型，推动知识产权首善之区建设。

同时，本条规定有助于将北京市过去多年来实践证明行之有效的试点改革措施提升固化，也有助于打开北京市知识产权保护和促进工作的新局面，形成真正符合时代要求和本市实际、具有首都特色的知识产权法律制度。

相关规则

《知识产权强国建设纲要（2021—2035 年）》强调，加快大数据、人工智能、基因技术等新领域新业态知识产权立法。适应科技进步和经济社会发展形势需要，依法及时推动知识产权法律法规立改废释，适时扩大保护客体范围。构建响应及时、保护合理的新兴领域和特定领域知识产权规则体系。建立健全新技术、新产业、新业态、新模式知识产权保护规则。探索完善互联网领域知识产权保护制度。研究构建数据知识产权保护规则。完善开源知识产权和法律体系。研究完善算法、商业方法、人工智能产出物知识产权保护规则。

《"十四五"国家知识产权保护和运用规划》强调，鼓励地方探索构建符合区域发展需求的知识产权政策体系。

《关于强化知识产权保护的意见》要求，完善新业态新领域保护制度。针对新业态新领域发展现状，研究加强专利、商标、著作权、植物新品种和集成电路布图设计等的保护。加强公证电子存证技术推广应用。研究建立跨境电商知识产权保护规则，制定电商平台保护管理标准。研究制定传统文化、传统知识等领域保护办法，加强中医药知识产权保护。

第九条 本市加强京津冀知识产权保护区域合作，开展案件线索移送、调查取证、协助执行、联合执法等工作，共享专家智库、服务机构等资源，推动信息互通、执法互助、监督互动、经验互鉴；强化与其他省市的知识产权保护协作。

条文条旨

本条是关于加强知识产权保护区域合作的规定。

条文说明

本条规定是在现有京津冀知识产权协同保护工作的基础上，在地方立法层面推动促进京津冀知识产权保护深度融合。知识产权保护区域合作要加强京津冀区域多部门合作，推动知识产权保护与促进一体化、协同化发展，强化与其他省市间的知识产权保护协作。在知识产权保护的具体协作中、在网络环境下，跨部门、跨区域的案件数量越来越多，有必要建立区域快速维权机制，实现案件移送、协助调查、资源共享及联合惩戒。

知识产权促进京津冀协同发展合作会商机制正式建立以来，在严格知识产权保护、协同知识产权运用、共享知识产权服务资源等方面进行了一系列新的合作机制的探索，区域知识产权协同发展示范区初步打造成型。目前，跨部门、跨区域的案件数量越来越多。北京市已经与天津、河北、江苏、山东、广东、上海等12个省市签署《十二省市知识产权行政保护协作协议书》，打通相关案件线索移送通道，针对重大活动、展会、互联网、专业市场等重点领域以及重大、疑难案件等，开展联合执法和办案。需要将该机制通过地方立法进行固化，为跨区域、跨部门执法协作提供法规依据。

相关规则

《知识产权强国建设纲要（2021—2035年）》要求，完善跨区域、跨部门执法保护协作机制。

《国务院关于新形势下加强打击侵犯知识产权和制售假冒伪劣商品工作的意见》（国发〔2017〕14号）规定，推进区域间执法协调联动。针对侵权假冒行为跨区域、链条化的特点，加强区域间执法协作，探索建立跨区域联席会议、线索通报、证据移转、案件协查、联合办案以及检验鉴定结果互认等制度，完善线索发现、源头追溯、属地查处机制，推动执法程序和标准统一化，加强交界区域基层执法协作，消除监管空白地带，对侵权假冒商品的生产、流通、销售形成全链条打击。结合实施国家区域发展战略，在京津冀、长江经济带、泛珠三角区域等深入开展打击侵权假冒区域合作，总结经验，适时向全国推广。

《国家知识产权局关于印发〈关于严格专利保护的若干意见〉的通知》（国知发管字〔2016〕93号）要求，深化专利执法协作调度机制。积极开展跨地区执法案件与办案人员调度工作，确保跨区域协助调查、送达、执行的渠道畅通。深化“一带一路”、京津冀协同发展、长江经济带等区域的联合专利执法和协作执法。

《中共北京市委办公厅、北京市人民政府办公厅印发〈关于强化知识产权保护的行动方案〉的通知》要求，加强协调衔接，形成高效的知识产权快保护态势。加强跨区域协作。建设跨区域知识产权行政保护协作平台，加强跨区域维权援助协同。依托京津冀知识产权合作机制，联合开展侵权假冒线索移送、调查取证、执法协查、结果互认及信息共享，构建跨区域协作治理体系。支持审判机关建立远程诉讼咨询服务平台，为当事人提供远程立案、案件查询、远程视频庭审等多项诉讼服务。

第十条 本市扩大知识产权领域开放合作，支持境外知识产权服务机构、仲裁机构等依法在本市设立机构、开展业务，推动建立国际知识产权交易、运营平台。

条文条旨

本条是关于本市知识产权对外开放及国际合作的规定。

条文说明

本条规定了知识产权领域对外开放的原则和重点任务，明确将支持境外知识产权服务机构、仲裁机构等依法在本市设立机构、开展业务，以及推动建立国际知识产权交易、运营平台作为本市知识产权对外开放的重点。本市将扩大知识产权领域的开放合作，建立国际合作沟通机制和平台，促进知识产权国际交流，深化知识产权国际保护。

本条规定有助于稳步推进本市积极参与国际组织协议和相关双边和多边协议的制定和落实，推动本市与世界主要城市及相关组织建立知识产权合作沟通机制。

根据《北京市知识产权局关于“两区”建设推进工作措施》的安排，本市将深化知识产权服务领域开放。开展外国人参加专利代理师资格考试和执业试点工作。在中关村国家知识产权服务业集聚发展示范区、自由贸易试验区等具备条件的地区推进专利代理开放试点工作，允许取得中国政府颁发的外国人永久居留证且具有其他国家专利代理资格的外国人，参加专利代理师资格考试并执业。开展外国专利代理机构设立常驻代表机构试点工作。对接国际知名专利代理机构，制定试点方案和政策，通过行业协会、专业媒体等开展政策宣传，吸引外国专利代理机构在京设立常驻代表机构，引导其为企业开展服务。

相关规则

《知识产权强国建设纲要（2021—2035 年）》强调，积极参与知识产权全球治理体系改革和建设。扩大知识产权领域对外开放，完善国际对话交流机制，推动完善知识产权及相关国际贸易、国际投资等国际规则和标准。积极推进与经贸相关的多双边知识产权对外谈判。建设知识产权涉外风险防控体系。打造国际知识产权诉讼优选地。提升知识产权仲裁国际化水平。鼓励高水平外国机构来华开展知识产权服务。构建多边和双边协调联动的国际合作网络。积极维护和发展知识产权多边合作体系，加强在联合国、世界贸易组织等国际框架和多边机制中的合作。深化与共建“一带一路”国家和地区知识产权务实合作，打造高层次合作平台，推进信息、数据资源项目合作，向共建“一带一路”国家和地区提供专利检索、审查、培训等多样化服务。加强知识产权对外工作力量。积极发挥非政府组织在知识产权国际交流合作中的作用。拓展海外专利布局渠道。推动专利与国际标准制定有效结合。塑造中国商标品牌良好形象，推动地理标志互认互保，加强中国商标品牌和地理标志产品全球推介。

《“十四五”国家知识产权保护和运用规划》强调，提升知识产权国际合作水平。加强知识产权国际合作机制建设。巩固和完善“一带一路”知识产权合作，充分利用“一带一路”知识产权合作平台，扩大合作项目规模和储备。深度参与金砖国家、中美欧日韩、中日韩、中国—东盟等小多边知识产权合作，加强与各方政策和业务规则交流，支持产业界积极参与相关合作机制。完善跨境司法协作安排，加强防范打击侵犯知识产权犯罪国际合作。

《关于强化知识产权保护的意见》强调，更大力度加强国际合作。积极开展海外巡讲活动，举办圆桌会，与相关国家和组织加强知识产权保护合作交流。探索在重要国际展会设立专题展区，开展中国知识产权保护成就海外巡展。充分发挥知识产权制度对促进共建“一带一路”的重要作用，支持共建国家加强能力建设，推动其共享专利、植物新品种审查结果。充分利用各类多双边对话合作机制，加强知识产权保护交流合作与磋商谈判。综合利用各类国际交流合作平台，积极宣传我国知识产权保护发展成就。

第十一条 对在知识产权保护及相关活动中作出突出贡献的个人和单位，按照国家和本市有关规定予以表彰奖励。

条文条旨

本条是关于本市知识产权保护奖励制度的规定。

条文说明

本条规定对在知识产权保护相关工作中做出突出贡献的个人和单位给予表彰奖励。

关于表彰奖励的性质。本条规定是在《北京市专利保护和促进条例》（2021 修正）和《北京市发明专利奖励办法》的基础上，进一步扩大了知识产权奖励表彰的范围。《关于强化知识产权保护的意见》明确要求，按照国家有关规定，对在知识产权保护工作中做出突出贡献的集体和个人给予表彰。鼓励各级政府充分利用现有奖励制度，对知识产权保护先进工作者和优秀社会参与者加强表彰。与专利奖励仅以发明创造和专利运用实施作为奖励对象不同，《条例》本条规定所称的表彰奖励既包括上述专利奖励的事项，又明确将知识产权保护相关工作也纳入表彰奖励范围。而且，从表彰奖励性质来看，本条规定所称的“表彰奖励”既包括专项奖励，也包括其他利用现有奖励表彰制度对相关人员授予荣誉或给予表彰奖励。

关于国家有关规定。本条规定所称的国家有关规定，主要是指《中共中央关于建立健全党和国家功勋荣誉表彰制度的意见》《中华人民共和国国家勋章和国家荣誉称号法》《国家功勋荣誉表彰条例》《中国共产党党内功勋荣誉表彰条例》《军队功勋荣誉表彰条例》的相关规定。

相关规则

北京市人民政府发布的《北京市发明专利奖励办法》（京政办发〔2007〕33 号）第 2 条规定："'北京市发明专利奖'（以下简称市发明专利奖）是市政府为评选表彰在北京市行政区域内具有重大经济社会效益的发明专利而设立的专项奖励项目。市发明专利奖每两年评选一次。"

《北京市专利保护和促进条例》（2021 修正）第 29 条第 1 款规定："本市设立专利奖，对在本市进行发明创造并实施，为促进本市经济社会发展做出突出贡献的专利权人予以表彰奖励。"

第二章 行政保护和司法保护

第十二条 知识产权、市场监督管理、版权、文化和旅游、农业农村、园林绿化等负有知识产权保护管理职责的部门（以下统称知识产权保护管理部门）应当完善执法协作工作平台，建立知识产权侵权违法行为线上线下快速协查机制，开展远程、移动实时监测监控；对网络平台、展会、大型市场、大型文化体育活动等实施重点监督检查，及时发现、查处重复侵权、恶意侵权、群体侵权等知识产权侵权违法行为。

条文条旨

本条是关于本市知识产权行政保护机制的规定。

条文说明

本条明确了本市政府履行知识产权行政保护职责的部门范围，知识产权行政保护职责和履行保护职责的主要工作机制，并且重点规定了知识产权行政保护部门对网络平台、展会、大型市场、大型文化体育活动等重点场所、重点场景的行政监督管理要求，对重复侵权、恶意侵权、群体侵权等严重侵权行为的重点监督管理要求。知识产权的行政保护机制，应当明确部门范围和工作内容。

关于知识产权行政保护的部门范围。本条规定所确定的知识产权保护管理部门，是指具体承担知识产权行政保护专门职责的部门，即《条例》第7条第2款中指明的政府部门。《条例》第7条第2款从知识产权类型的角度对知识产权、市场监督管理、版权、文化和旅游、农业农村、园林绿化等部门的知识产权职责予以规定，本条则重点在于对知识产权保护管理部门的总体保护方式和工作机制予以明确。

关于知识产权行政保护新手段。健全行政保护体系、强化知识产权行政保护、突出重点领域知识产权监管，是当前实行严格知识产权保护的关键举措，是落实知识产权强国建设的必然要求，也是体现地方知识产权治理能力的重要方面。本条规定重点确定了知识产权行政保护新手段。一是完善执法协作工作平台。本条规定与《北京市专利保护和促进条例》第12条“本市建立专利保护工作协调机制，完善执法协作工作平台，健全专利案件行政执法和司法衔接机制”的规定保持一致，但进一步扩大了执法协作事项范围，将范围从专利事项向全部知识产权类型扩展。二是重点监测、主动监管。与司法保护相比，行政机关在保护过程中的主动性和预防性就是行政保护的重要优势。通过对网络平台、展会、大型市场、大型文化体育活动等知识产权侵权违法活动易发多发的场所和领域开展远程、移动实时监测监控，有利于利用新技术手段，将行政保护关口前移，防患于未然，营造更为良好的知识产权保护环境。三是及时查处侵权违法行为。及时查处知识产权侵权违法行为是知识产权行政执法及时性、便利性的主要体现，通过重点监测、主动监管使重复侵权、恶意侵权、群体侵权等严重知识产权侵权违法行为蔓延势头得到有效遏制。

相关规则

《知识产权强国建设纲要（2021—2035年）》明确提出，要健全便捷高效、严格公正、公开透明的行政保护体系。依法科学配置和行使有关行政部门的调查权、处罚权和强制权。建立统一协调的执法标准、证据规则和案例指导制度。

大力提升行政执法人员专业化、职业化水平，探索建立行政保护技术调查官制度。建设知识产权行政执法监管平台，提升执法监管现代化、智能化水平。建立完善知识产权侵权纠纷检验鉴定工作体系。发挥专利侵权纠纷行政裁决制度作用，加大行政裁决执行力度。

探索依当事人申请的知识产权纠纷行政调解协议司法确认制度。完善跨区域、跨部门执法保护协作机制。建立对外贸易知识产权保护调查机制和自由贸易试验区知识产权保护专门机制。强化知识产权海关保护，推进国际知识产权执法合作。

《"十四五"国家知识产权保护和运用规划》提出，健全知识产权行政保护机制，提高知识产权行政保护效能。明确要求加强部门协同配合，开展关键领域、重点环节、重点区域行政执法专项行动，重点查处假冒专利、商标侵权、侵犯著作权、地理标志侵权假冒等违法行为。加大行政处罚力度，加强侵权纠纷行政裁决，有效遏制恶意侵权、重复侵权、群体侵权。加强知识产权行政执法和行政裁决队伍人员配备和能力建设，提升知识产权行政执法装备现代化、智能化水平，利用新技术手段畅通投诉举报渠道，提升打击侵权假冒行为的效率及精准度。

第十三条　知识产权保护管理部门在查处涉嫌侵权违法行为时，有权采取下列措施：

（一）询问有关当事人，调查有关情况；

（二）查阅、复制有关资料；

（三）对有关场所和物品实施现场检查；

（四）对有关场所和物品依法查封或者扣押。

知识产权保护管理部门依法行使前款规定职权时，当事人应当予以协助、配合，不得拒绝、阻挠。

条文条旨

本条是关于知识产权行政查处措施以及当事人的协助、配合义务的规定。

条文说明

本条根据《专利法》《商标法》《著作权法》等相关法律法规的规定，综合知识产权保护管理部门在查处各类知识产权侵权和违法行为时有权采取的行政措施，明确知识产权保护管理部门享有询问调查、现场检查、查阅复制、查封扣押等行政查处权，同时依法设定当事人协助配合查处的法定义务。

关于行政查处措施。从上位法的规定来看，知识产权行政查处措施包括以下五个方面的内容，即人员询问调查、资料查阅复制、场所现场检查、物品检查检验、场所和物品查封或者扣押，因此有必要予以统一明确。

一是人员询问调查。即询问有关当事人，调查与涉嫌侵权违法行为有关的情况。知识产权保护管理部门依职权开展调查时，可以到有关当事人的住所、工作场所、生产经营场所对该当事人进行询问，或者责令有关当事人到指定场所接受询问，要求当事人将其知道的事实如实向知识产权保护管理部门提供，以调查与涉嫌侵权违法行为有关的情况。询问过程应当制作询问笔录，并由询问人和被询问人签名或者盖章。询问不限于直接涉嫌侵权违法行为的人员，也包括与涉嫌侵权违法行为有关的其他人。

二是资料查阅复制。即查阅、复制与涉嫌侵权违法行为有关的合同、发票、账簿以及其他有关资料。合同、发票、账簿及其他有关资料是记录经济活动的证据。通过查阅、复制这些资料，可以掌握当事人是否实施了侵权违法行为，其行为的性质、情节轻重、危害后果如何，从而能够为知识产权保护管理部门作出处罚决定提供依据。因此，本条依法赋予知识产权保护管理部门查阅、复制与涉嫌侵权违法行为有关的合同、发票、账簿以及其他有关资料的权力。

三是场所现场检查。即对当事人涉嫌侵权违法行为的场所实施现场检查。当事人涉嫌从事侵权违法行为的场所，包括涉嫌侵权违法产品的生产加工场所、经营场所等。知识产权保护管理部门可以派人进入上述场所并进行检查，以查明事实，掌握证据。

四是物品检查检验。即检查与侵权违法活动有关的物品，是指对与侵权违法活动有关的产品及其包装、商标标识、专利标识、专利号等进行检查，必要时，可以对该物品进行检验，以查明该物品是否假冒专利、侵犯注册商标专用权、侵犯著作权的物品。

五是场所和物品查封或者扣押。即对有证据证明是侵权违法的场所和物品，可以查封或者扣押。所谓查封，是指知识产权保护管理部门采取张贴封条或者其他必要措施，将涉嫌从事侵权违法行为的场所和涉嫌侵权违法的物品就地予以封存；未经许可，任何单位或者个人不得启封、转移或者动用。所谓扣押，是指知识产权保护管理部门将涉嫌侵权违法的物品移至他处予以扣留封存。需要注意的是，采取查封或扣押措施对当事人的影响很大，知识产权保护管理部门在决定采取这一措施时应当慎重，必须在有证据证明物品是假冒专利的产品、侵犯他人注册商标专用权的物品或其他侵犯知识产权的物品的情况下，才能采取这一措施，不能凭主观猜测或者仅凭他人举报就采取这一措施。发现采取查封或扣押措施不当的，应当立即解除查封或扣押措施。

关于当事人协助、配合义务。本条规定设定当事人的义务分为积极义务和消极义务两个方面：在积极义务方面，知识产权保护管理部门依法行使本条规定的职权时，当事人应当予以协助、配合，不得拒绝、阻挠。知识产权保护管理部门依法行使职权受法律保护，有关当事人应当予以协助、配合，接受询问调查，如实提供有关情况和资料，配合知识产权保护管理部门检查有关场所和物品以及查阅、复制有关资料。在消极义务方面，有关当事人不得以任何理由拒绝，甚至以暴力、威胁或者其他手段阻挠知识产权保护管理部门依法行使职权，否则将会依法承担相应的行政责任甚至刑事责任。

需要明确的是，本条是对知识产权行政查处主要措施的规定，而不是知识产权行政执法的全部措施，也不是知识产权行政纠纷处理的全部措施。行政查处是地方部门知识产权行政执法的关键内容，与纠纷行政处理或行政裁决共同构成知识产权行政执法的主体。

应当特别注意的是，知识产权保护管理部门在采取相关行政措施时，应当严格根据相关法律和行政法规的要求，在法定职责和法定程序内开展相关工作，不得滥用行政措施。

相关规则

知识产权保护管理部门在采取相关行政措施时，不得滥用行政措施。因此，有必要系统地将上位法中规定的行政查处权予以综合规定。从现有法律规定来看，相关规定主要包括以下内容。

《专利法》（2020修正）第69条规定："负责专利执法的部门根据已经取得的证据，对涉嫌假冒专利行为进行查处时，有权采取下列措施：

（一）询问有关当事人，调查与涉嫌违法行为有关的情况；

（二）对当事人涉嫌违法行为的场所实施现场检查；

（三）查阅、复制与涉嫌违法行为有关的合同、发票、账簿以及其他有关资料；

（四）检查与涉嫌违法行为有关的产品；

（五）对有证据证明是假冒专利的产品，可以查封或者扣押。

管理专利工作的部门应专利权人或者利害关系人的请求处理专利侵权纠纷时，可以采取前款第（一）项、第（二）项、第（四）项所列措施。

负责专利执法的部门、管理专利工作的部门依法行使前两款规定的职权时，当事人应当予以协助、配合，不得拒绝、阻挠。"

《著作权法》（2020修正）第55条规定："主管著作权的部门对涉嫌侵犯著作权和与著作权有关的权利的行为进行查处时，可以询问有关当事人，调查与涉嫌违法行为有关的情况；对当事人涉嫌违法行为的场所和物品实施现场检查；查阅、复制与涉嫌违法行为有关的合同、发票、账簿以及其他有关资料；对于涉嫌违法行为的场所和物品，可以查封或者扣押。主管著作权的部门依法行使前款规定的职权时，当事人应当予以协助、配合，不得拒绝、阻挠。”

《商标法》第 62 条规定：“县级以上工商行政管理部门根据已经取得的违法嫌疑证据或者举报，对涉嫌侵犯他人注册商标专用权的行为进行查处时，可以行使下列职权：

（一）询问有关当事人，调查与侵犯他人注册商标专用权有关的情况；

（二）查阅、复制当事人与侵权活动有关的合同、发票、账簿以及其他有关资料；

（三）对当事人涉嫌从事侵犯他人注册商标专用权活动的场所实施现场检查；

（四）检查与侵权活动有关的物品；对有证据证明是侵犯他人注册商标专用权的物品，可以查封或者扣押。

工商行政管理部门依法行使前款规定的职权时，当事人应当予以协助、配合，不得拒绝、阻挠。

在查处商标侵权案件过程中，对商标权属存在争议或者权利人同时向人民法院提起商标侵权诉讼的，工商行政管理部门可以中止案件的查处。中止原因消除后，应当恢复或者终结案件查处程序。”

《植物新品种保护条例》第 41 条规定：“省级以上人民政府农业、林业行政部门依据各自的职权在查处品种权侵权案件和县级以上人民政府农业、林业行政部门依据各自的职权在查处假冒授权品种案件时，根据需要，可以封存或者扣押与案件有关的植物品种的繁殖材料，查阅、复制或者封存与案件有关的合同、账册及有关文件。”

第十四条 市知识产权部门或者有关区人民政府设立的知识产权保护机构，通过专利预审、维权指导、保护协作等方式，提供知识产权保护服务，为国家重点发展产业和本市战略性新兴产业等领域的专利申请获得快速审查提供支持。

条文条旨

本条是关于本市知识产权保护专门机构及其任务的规定。

条文说明

本条明确规定了市、区两级设立知识产权保护专门机构，明确了知识产权保护专门机构的业务范围，并且就国家批准设立的知识产权保护机构的快速审查职能予以固化。

关于知识产权保护机构。本条规定所称的知识产权保护机构是特指由市知识产权部门或者有关区人民政府在本市设立的知识产权保护中心、知识产权快速维权中心等专门机构。不同于知识产权保护管理机构或者一般性知识产权保护服务机构，本市建设知识产权保护中心，是为了深入贯彻党中央、国务院关于实行严格的知识产权保护的决策部署，进一步深化知识产权维权援助与快速维权工作，加快建立产业知识产权快速协同保护机制，切实完善产业知识产权保护体系，促进产业结构调整和转型升级。

知识产权保护中心的工作重点是开展集快速审查、快速确权、快速维权于一体，审查确权、行政执法、维权援助、仲裁调解、司法衔接相联动的产业知识产权快速协同保护工作，其在快速维权、快速审查、快速确权等方面具有显著的制度优势。目前，全国在建和已运行的知识产权保护中心数量已达 62 家。

根据《国家知识产权局关于开展知识产权快速协同保护工作

的通知》（国知发管字〔2016〕92 号）的规定，知识产权保护中心的职责主要体现在快速维权、快速审查、快速确权和保护协作四个方面。在快速维权方面，知识产权保护中心应当建立健全专利执法委托办案机制，大力简化办案程序，积极协助快速办理专利侵权纠纷等案件。在快速审查、快速确权方面，知识产权保护中心应根据产业发展实际需求，有效运用专利预审、优先审查等工作机制，积极优化审查程序，合理配置审查资源，全面开展发明、实用新型和外观设计专利申请以及专利复审无效请求的快速审查工作。在保护协作方面，推进建立专利侵权案件行政调处前置制度、诉中委托调解制度和专利纠纷行政调解协议司法确认制度，推进设立知识产权巡回审判法庭。有序推进与各类社会调解及仲裁机构的合作，形成多途径保护知识产权的合力，协同化解各类知识产权纠纷。

由于快速维权、快速审查、快速确权有关行政事权为法律规定的国家事权，知识产权保护中心开展相关快速保护工作需要经过国家知识产权局批准。因此，本条在规定中将机构设置与批准开展职能分开予以规定。

相关规则

加强知识产权专门保护机构建设是强化知识产权保护工作的关键举措，是实现知识产权行政保护专门化、服务化的基本载体，中央和国家均对此作出明确要求，本条规定是落实国家知识产权强保护、严保护和快保护的重要内容。

《知识产权强国建设纲要（2021—2035 年）》要求，建设知识产权保护中心网络和海外知识产权纠纷应对指导中心网络。

《关于强化知识产权保护的意见》中明确提出，加强知识产权快保护机构建设。在优势产业集聚区布局建设一批知识产权保护中心，建立案件快速受理和科学分流机制，提供快速审查、快速确权、快速维权“一站式”纠纷解决方案。加快重点技术领域专利、商标、植物新品种审查授权、确权和维权程序。推广利用调解方式快速解决纠纷，高效对接行政执法、司法保护、仲裁等保护渠道和环节。

《国务院办公厅关于新形势下进一步加强督查激励的通知》（国办发〔2021〕49号）提出，对知识产权创造、运用、保护、管理和服务工作成效突出的省（自治区、直辖市），优先支持开展地理标志专用标志使用核准改革试点，优先支持建设知识产权保护中心、知识产权快速维权中心、知识产权专题数据库，在专利转化专项计划实施中予以倾斜支持。

《关于强化知识产权保护的行动方案》提出，加强知识产权快保护机构建设。制定本市知识产权保护中心、快速维权中心建设规划，优化专利预审机制，压缩预审周期，提高快速预审能力，提升对人工智能、区块链、5G、物联网、生物医药、新材料等新技术新领域专利快速预审质量，推动快速确权和协同维权，为创新主体提供“一站式”精准维权方案。

第十五条 知识产权部门、市场监督管理部门应当加强商标管理，规范注册商标使用行为，对侵犯注册商标专用权、恶意申请商标注册、违法从事商标代理业务等行为依法予以查处。

条文条旨

本条是关于商标侵权违法行为行政监管的规定。

条文说明

本条明确了商标侵权行为的行政监管，明确了知识产权部门、市场监督管理部门应当根据法定职权，加强跨部门合作，规范商标使用行为，查处商标侵权、恶意注册、违法从事商标代理业务等行为。

关于执法主体。本条所指的知识产权部门是指北京市知识产权局，市场监督管理部门是指本市各级市场监督管理局。北京市知识产权局承担的商标监管职责主要是：商标管理基本秩序的监管，商标印制和使用的监管。各级市场监督管理部门根据《商标法》及其实施条例赋予的法定职责，具体负责商标侵权违法行为的行政执法。

关于商标管理。本条所指的加强商标管理是指商标的使用，是指将商标用于商品、商品包装或者容器以及商品交易文书上，或者将商标用于广告宣传、展览以及其他商业活动中，用于识别商品来源的行为。规范注册商标使用行为包括商标使用的主体具有合法性，使用的商标具有合法性，使用商标的商品或服务项目名称、范围具有合法性。缺少任何一个要件，都将构成商标不规范使用行为。通常不规范的注册商标使用行为包括以下几种情况：①商标注册人在使用注册商标的过程中，自行改变注册商标、注册人名义、地址或者其他注册事项的。②注册商标成为其核定使用的商品的通用名称或者没有正当理由连续三年不使用的。③将未注册商标冒充注册商标使用的。④使用未注册商标违反《商标法》第10条规定的。

侵犯注册商标专用权，是指行为人未经商标注册人许可，在相同或类似商品上使用与其注册商标相同或近似的商标，或者干涉、妨碍商标注册人使用其注册商标，损害商标注册人合法权益的行为。根据《商标法》第57条，侵犯注册商标专用权的行为包括：①未经商标注册人的许可，在同一种商品上使用与其注册商标相同的商标的。②未经商标注册人的许可，在同一种商品上使用与其注册商标近似的商标，或者在类似商品上使用与其注册商标相同或者近似的商标，容易导致混淆的。③销售侵犯注册商标专用权的商品的。④伪造、擅自制造他人注册商标标识或者销售伪造、擅自制造的注册商标标识的。⑤未经商标注册人同意，更换其注册商标并将该更换商标的商品又投入市场的。⑥故意为侵犯他人商标专用权行为提供便利条件，帮助他人实施侵犯商标专用权行为的。⑦给他人的注册商标专用权造成其他损害的。

恶意申请商标注册，是指不以使用为目的的商标囤积等行为，包括申请人采取大批量、规模性抢注他人具有一定知名度的商标等手段，以使商标获准注册的行为。该行为的核心是不以使用为目的，使用包括欺骗手段在内的方式扰乱商标注册秩序、损害他人和公共利益、不正当占用公共资源或者谋取不正当利益。

违法从事商标代理业务的行为，根据《商标法》第68条的相关规定，通常包括以下几个情形：①办理商标事宜过程中，伪造、变造或者使用伪造、变造的法律文件、印章、签名的。②以诋毁其他商标代理机构等手段招徕商标代理业务或者以其他不正当手段扰乱商标代理市场秩序的。③违反《商标法》第4条、第19条第3款和第4款规定的。

相关规则

《关于强化知识产权保护的意见》中明确指出，要加大对侵权假冒行为的惩戒力度，规制商标恶意注册、非正常专利申请以及恶意诉讼等行为。制定完善行政执法过程中的商标、专利侵权判断标准。

《知识产权强国建设纲要和“十四五”规划实施年度推进计划》中指出，要加大对重点领域和区域的专利、商标、版权执法力度，制定出台商标一般违法判断标准。优化“十四五”知识产权发展指标，强化质量导向，制定推动知识产权高质量发展年度工作指引，加强知识产权质量统计监测和反馈，推动地方全面取消对专利商标申请阶段的资助。严厉打击不以保护创新为目的的非正常专利申请和不以使用为目的的商标恶意注册行为。

《“十四五”国家知识产权保护和运用规划》明确提出，要强化知识产权申请注册质量监管。完善以质量和价值为导向的知识产权统计指标体系，健全知识产权质量统计监测和反馈机制。严格规范专利申请、商标注册和版权登记行为，严厉打击不以保护创新为目的的非正常专利申请和代理行为，以及不以使用为目的的恶意商标注册和代理行为，依法依规对相关行为进行处置。

第十六条　版权、文化和旅游部门应当加强对著作权侵权违法行为的监管，制定适应网络环境和数字经济形态的著作权保护措施。

市版权部门应当建立重点作品版权保护预警制度，对国家和本市版权部门确定的重点监管网站加强监管；完善作品自愿登记工作制度，支持自然人、法人和非法人组织进行作品自愿登记。

条文条旨

本条是关于著作权行政监管的规定。

条文说明

著作权保护是知识产权保护的重要内容之一，著作权保护领域也是近年来知识产权保护状况日益改善的重要领域，进一步强化著作权保护，特别是网络著作权主动监管和促进作品自愿登记是当前强化著作权行政保护的重点。本条规定以问题导向为重点，进一步在本市落实和细化国家相关制度要求。

关于责任部门。本条规定版权、文化和旅游部门作为地方著作权行政管理部门，应当根据法律规定和法定职责，加强对著作权侵权违法行为的监督和管理，关注网络环境和数字经济形态对著作权保护产生的重大冲击和影响，明确要求地方著作权行政管理部门制定适应新环境和新形势的著作权保护措施，是著作权行政监管的重点工作。

关于著作权行政监管。本条规定了本市著作权行政监管工作，明确建立作品版权保护预警制度，确立作品自愿登记促进规则。本条规定的重点在于预防和制止侵权行为发生，要求版权部门依法确立重点监管对象和建立重点作品预警机制，特别是对于那些主要以传播各类作品为商业模式的互联网平台来说，将这些企业或组织纳入重点监管，并针对那些容易遭遇侵权的热门影视和音乐等作品加以重点关注，可以起到提前警示作用，促使上述互联网平台采取事前预防手段防止侵权行为的出现。

2011 年以来，国家版权局就持续推动了版权主动监管长效机制，主要包括七个方面的内容：一是对个别使用影视作品正版率较低的网站实行重点监管；二是建立黑名单和警示名单制度；三是建立对重点作品的集中监管机制；四是强化主动监管与案件查处的衔接机制；五是建立网站作品授权信息库和公告制度；六是完善定期通报机制；七是权利人或权利人组织要建立通畅的授权机制。

关于作品自愿登记制度。《著作权法》（2020 修正）第 12 条第 2 款规定："作者等著作权人可以向国家著作权主管部门认定的登记机构办理作品登记。"该规定建立了作品自愿登记制度，而不是只有登记才产生著作权，因而并不影响著作权自动获取原则。

作品自愿登记制度的合理性可从三个方面理解。一是对实践中大量存在的作品自愿登记的立法回应，有利于作品登记制度步入规范化、法治化轨道。二是对著作权人维权具有重要意义。通常情况下可以凭借作品上的署名来确认作者身份和著作权人，但不排除作品署名者并非作者的情形。作品登记可以作为享有作品著作权的初始证明，尤其在发生著作权权属、侵权纠纷时能够作为著作权人主张权利的初步证明。对此，最高人民法院发布的《关于审理著作权民事纠纷案件适用法律若干问题的解释》（2020 年修正，法释〔2020〕19 号）第 7 条也指出，著作权登记证书可以作为享有著作权的初步证明。三是有利于作品著作权的转移、交易、转让，降低交易成本，促进作品经济社会价值的实现。

需要强调的是，在数字网络环境时代，著作权登记的效力和作用更为突出。在促进作品创作和传播的同时，由于数字化产品自身的特点，作品被复制、修改和消除使用痕迹都变得前所未有的方便和容易。通过发表和传播作品获得和保存创作的初始证据的风险越来越高，著作权登记更加不可或缺。

此外，相关统计数据显示，我国著作权登记日益活跃，其中北京市是著作权登记的主要地区。2020 年全国著作权登记总量达 5 039 543 件，同比增长 20. 37%，全国作品著作权登记量较多的北京市有 1 004 676 件，占登记总量的 30.30%。[①] 因此，有必要在本条例中对此制度予以细化，授权市版权部门进一步完善作品自愿登记工作制度。

相关规则

《知识产权强国建设纲要（2021—2035 年）》明确要求，健全著作权登记制度、网络保护和交易规则。

国务院印发的《新时期促进集成电路产业和软件产业高质量发展若干政策的通知》（国发〔2020〕8 号）提出，加强对集成电路布图设计专有权、网络环境下软件著作权的保护，积极开发和应用正版软件网络版权保护技术，有效保护集成电路和软件知识产权，同时明确鼓励企业进行集成电路布图设计专有权、软件著作权登记。

《国务院办公厅关于加强互联网领域侵权假冒行为治理的意见》（国办发〔2015〕77 号）将打击网络侵权盗版作为重点任务，要求以保护商标权、著作权、专利权等知识产权为重点，严厉打击利用互联网实施的侵权违法犯罪。开展打击网络侵权盗版专项行动。强化对网络（手机）文学、音乐、影视、游戏、动漫、软件及含有著作权的标准类作品等重点领域的监测监管，及时发现和查处网络非法转载等各类侵权盗版行为。扩大版权重点监管范围，将智能移动终端第三方应用程序（APP）、网络云存储空间、微博、微信等新型传播方式纳入版权监管。

---

① 《国家版权局关于 2020 年全国著作权登记情况的通报》，载中华人民共和国中央人民政府网，http://www.gov.cn/xinwen/2021-03/-19/content_5593876.htm，2023 年 2 月 26 日访问。

第十七条 市场监督管理等部门应当指导市场主体建立健全商业秘密保护机制，通过明确管理规则、采取技术措施、签订保密协议、开展风险排查和教育培训等方式保护商业秘密。

行政机关、司法机关以及仲裁、调解等服务机构及其工作人员对履行职责、提供服务过程中知悉的商业秘密，负有保密义务，不得泄露或者非法向他人提供。

条文条旨

本条是关于商业秘密保护行政指导和有关人员保密义务的规定。

条文说明

商业秘密作为企业无形资产的一个重要组成部分，在市场竞争中发挥着极大的作用。商业秘密的保护，能有力地促进创新，促进产业升级换代，对整个社会主义现代化经济体系建设和创新驱动发展战略的实施起到积极的作用。本条明确规定市场监督管理等部门对市场主体健全商业秘密保护的指导作用，同时也明确了行政机关、司法机关以及仲裁、调解等服务机构及其工作人员所负有的保密义务。

关于责任部门。本条明确规定，市场监督管理部门有指导市场主体健全商业秘密保护的职责，各级市场监督管理部门应当根据行政管辖权限对辖区范围内市场主体的商业秘密保护工作给予指导。

关于商业秘密的内涵。本条规定所称的商业秘密，是指《反不正当竞争法》和其他有关法律规定的不为公众所知悉，能为权利人（商业秘密的所有人和经商业秘密所有人许可的商业秘密使用人）带来经济利益，具有实用性并经权利人采取保密措施的工业、商业和管理等方面的技术信息和经营信息。从规则到具体措施，本条列举了健全市场主体商业秘密保护的方式：一是明确管理规则；二是采取技术措施；三是签订保密协议；四是开展风险排查；五是进行教育培训。

关于保密义务。本条还规定了行政机关、司法机关以及仲裁、调解等服务机构及其工作人员的保密义务。行政机关、司法机关以及仲裁、调解等服务机构及其工作人员在提供服务的过程中有接触到权利人商业秘密的可能性，为防止二次泄密，上述人员对权利人商业秘密同样负有保密义务。国家工商行政管理总局（已撤销）发布的《关于禁止侵犯商业秘密行为的若干规定》（中华人民共和国国家工商行政管理局令第 86 号）第 10 条第 1 款规定："国家机关及其公务人员在履行公务时，不得披露或者允许他人使用权利人的商业秘密。"《中华人民共和国数据安全法》（以下简称《数据安全法》）第 38 条等也为职能人员的保密义务提供了依据。其他法律对公职人员、仲裁机关、调解人员商业秘密保护也均有规定，如《中华人民共和国法官法》（以下简称《法官法》）、《中华人民共和国检察官法》（以下简称《检察官法》）均对此有所规定。

相关规则

《知识产权强国建设纲要（2021—2035 年）》明确要求，制定修改强化商业秘密保护方面的法律法规。

《关于强化知识产权保护的意见》明确指出，要探索加强对商业秘密、保密商务信息及其源代码等的有效保护。

《知识产权强国建设纲要和“十四五”规划实施年度推进计划》提出，加强知识产权领域反垄断执法。深入开展重点领域反不正当竞争执法专项整治，严厉打击仿冒混淆、侵犯商业秘密等行为。指导各地持续推进商业秘密保护基地（园区、企业、指导站）建设，推动建立国家商业秘密保护基地。

《“十四五”国家知识产权保护和运用规划》将商业秘密保护工程列入15个专项工程，其中明确指出，推动行业组织加强商业秘密保护自律，指导市场主体制定并严格执行全面的商业秘密管理制度。

《检察官法》第10条第5项规定：“检察官应当履行下列义务……（五）保守国家秘密和检察工作秘密，对履行职责中知悉的商业秘密和个人隐私予以保密……”

第47条第1款第3项规定：“检察官有下列行为之一的，应当给予处分；构成犯罪的，依法追究刑事责任……（三）泄露国家秘密、检察工作秘密、商业秘密或者个人隐私的……”

《法官法》第10条第5项规定：“法官应当履行下列义务……（五）保守国家秘密和审判工作秘密，对履行职责中知悉的商业秘密和个人隐私予以保密……”

第46条第1款第3项规定：“法官有下列行为之一的，应当给予处分；构成犯罪的，依法追究刑事责任……（三）泄露国家秘密、审判工作秘密、商业秘密或者个人隐私的……”

《中华人民共和国广告法》（以下简称《广告法》）第52条规定：“市场监督管理部门和有关部门及其工作人员对其在广告监督管理活动中知悉的商业秘密负有保密义务。”

《中华人民共和国行政处罚法》（以下简称《行政处罚法》）

第 50 条规定："行政机关及其工作人员对实施行政处罚过程中知悉的国家秘密、商业秘密或者个人隐私，应当依法予以保密。"

《中华人民共和国出口管制法》第 29 条第 3 款规定："有关国家机关及其工作人员对调查中知悉的国家秘密、商业秘密、个人隐私和个人信息依法负有保密义务。"

《中华人民共和国公职人员政务处分法》第 39 条第 5 项规定："有下列行为之一，造成不良后果或者影响的，予以警告、记过或者记大过；情节较重的，予以降级或者撤职；情节严重的，予以开除……（五）泄露国家秘密、工作秘密，或者泄露因履行职责掌握的商业秘密、个人隐私的……"

《中华人民共和国法律援助法》第 21 条规定："法律援助机构、法律援助人员对提供法律援助过程中知悉的国家秘密、商业秘密和个人隐私应当予以保密。"

第 61 条第 6 项规定："法律援助机构及其工作人员有下列情形之一的，由设立该法律援助机构的司法行政部门责令限期改正；有违法所得的，责令退还或者没收违法所得；对直接负责的主管人员和其他直接责任人员，依法给予处分……（六）泄露法律援助过程中知悉的国家秘密、商业秘密和个人隐私……"

第 63 条第 4 项规定："律师、基层法律服务工作者有下列情形之一的，由司法行政部门依法给予处罚……（四）泄露法律援助过程中知悉的国家秘密、商业秘密和个人隐私……"

《中华人民共和国监察官法》第 10 条第 6 项规定："监察官应当履行下列义务……（六）保守国家秘密和监察工作秘密，对履行职责中知悉的商业秘密和个人隐私、个人信息予以保密……"

第十八条　知识产权保护管理部门应当会同有关部门加强传统文化领域和奥林匹克标志的知识产权保护，为相关专利申请、商标注册、作品登记、商业秘密保护等提供咨询和指导。

条文条旨

本条是关于加强传统文化领域和奥林匹克标志等特殊对象的知识产权保护工作机制的规定。

条文说明

本条明确了知识产权保护管理部门应跨部门协作，总体原则是要加强对传统文化领域和奥林匹克标志的知识产权保护，同时进一步要求在涉及此二项的专利申请、商标注册、作品登记、商业秘密保护方面需提供咨询和指导。

关于传统文化的知识产权保护。传统文化的知识产权保护主要涉及《中华人民共和国非物质文化遗产法》《北京市非物质文化遗产条例》所规定的内容。非物质文化遗产，是指各族人民世代相传并视为其文化遗产组成部分的各种传统文化表现形式，以及与传统文化表现形式相关的实物和场所。包括：①传统口头文学以及作为其载体的语言；②传统美术、书法、音乐、舞蹈、戏剧、曲艺和杂技；③传统技艺、医药和历法；④传统礼仪、节庆等民俗；⑤传统体育和游艺；⑥其他非物质文化遗产。

关于奥林匹克标志的知识产权保护。对奥林匹克标志的知识产权保护是本条例特点。部分奥林匹克标志具有作品的属性，受到《著作权法》的保护。早在 2002 年，国务院就制定了《奥林匹克标志保护条例》，该条例是对奥林匹克标志保护的专门行政法规，为我国成功举办北京 2008 年夏季奥林匹克运动会提供了重要法治保障。也为北京成功申办、举办 2022 年冬季奥林匹克运动会（以下简称北京冬奥会）和冬季残疾人奥林匹克运动会提供了重要法治保障。

自 2017 年以来，北京冬奥组委会已向国家知识产权局商标局提交了包括北京冬奥会会徽、吉祥物形象、相关中英文名称等在内的 2000 余件国内外商标注册申请，涉及第 1 到第 45 类所有商品与服务项目。2021 年 5 月，包括北京 2022 年冬奥会会徽、“冰墩墩”“雪容融”等标志经国家知识产权局商标局审查，获得商标注册，受到《商标法》的保护。外观设计必须以产品为依托，外观设计专利进行保护的奥林匹克标志主要包括会徽、吉祥物形象等。

在部分市场经营行为中会存在利用奥林匹克标志“搭便车”的隐性营销行为。该类行为并不直接使用奥林匹克标志，而是通过祝贺、加油、庆功、倒计时、公布比赛成绩、获奖榜单、冠名宣传等名义，使公众误以为其与奥林匹克标志权利人之间存在特定关系。2018 年修订后的《奥林匹克标志保护条例》专门增加了对隐性营销进行规制的条款，该类行为可以通过《反不正当竞争法》的相关规定进行追责。

相关规则

《知识产权强国建设纲要（2021—2035 年）》要求，加强遗传资源、传统知识、民间文艺等获取和惠益分享制度建设，加强非物质文化遗产的搜集整理和转化利用。推动中医药传统知识保护与现代知识产权制度有效衔接，进一步完善中医药知识产权综合保护体系，建立中医药专利特别审查和保护机制，促进中医药传承创新发展。

《“十四五”国家知识产权保护和运用规划》提出，要加强特殊标志、官方标志、奥林匹克标志保护。加强知识产权行政执法和行政裁决队伍人员配备和能力建设，提升知识产权行政执法装备现代化、智能化水平，利用新技术手段畅通投诉举报渠道，提升打击侵权假冒行为的效率及精准度。依法规制知识产权滥用行为，不断完善防止知识产权滥用相关制度。

《关于强化知识产权保护的意见》指出，要研究制定传统文化、传统知识等领域保护办法，加强中医药知识产权保护。

《北京市非物质文化遗产条例》第 2 条规定："本条例所称非物质文化遗产，是指各族人民世代相传并视为其文化遗产组成部分的各种传统文化表现形式，以及与传统文化表现形式相关的实物和场所。包括：（一）传统口头文学以及作为其载体的语言；（二）传统美术、书法、音乐、舞蹈、戏剧、曲艺和杂技；（三）传统技艺、医药和历法；（四）传统礼仪、节庆等民俗；（五）传统体育和游艺；（六）其他非物质文化遗产。"

第十九条　知识产权保护管理部门及其他有关部门应当依法保护数据收集、存储、使用、加工、传输、提供、公开等活动中形成的知识产权，引导数据处理者建立健全全流程知识产权管理制度，强化知识产权保护意识。

条文条旨

本条是关于知识产权保护中数据保护的规定。

条文说明

本条明确了北京市政府履行知识产权保护管理职责时针对数据保护方面的重点要求，并且重点规定了对数据处理者在数据处理过程中对知识产权保护的引导作用。

关于责任主体。本条所规定的知识产权保护管理部门包括市、区两级知识产权、市场监督管理、版权、文化和旅游、农业农村、园林绿化等负有知识产权保护管理职责的部门，即《条例》第7条第2款中指明的政府部门。

关于数据处理活动中可能产生的知识产权。根据《数据安全法》的规定，数据处理活动主要包括数据收集、存储、使用、加工、传输、提供、公开等环节，在不同环节中可能存在不同的知识产权类型。比如，涉及数据收集、存储、使用、加工、传输、提供、公开信息技术方案的就属于专利法保护的对象；数据收集过程中形成的数据库或者数据资源集则是《著作权法》保护的对象；数据传输、提供、公开所使用的计算机软件、算法模型等也可以获得《著作权法》的保护。数据的收集、存储、使用、加工、传输、提供、公开等环节中形成的非公开性的商业信息、技术信息，依法也能获得商业秘密的法律保护。

关于数据处理者及其知识产权保护义务。数据处理者包括处理数据的自然人、法人、非法人组织或其他机构。全流程知识产权管理制度的建立能够使得数据处理者在每一阶段都明晰应该注意哪些问题，当问题出现时应当如何解决等，预控数据处理者在日常运营中的风险，减少不必要的执行障碍。在全流程知识产权管理制度下，产生一种自上而下的管理方式，数据处理者需建立健全的各级知识产权风险防范战略管理机制，覆盖多种知识产权种类，如专利、商标、版权、商业秘密等。

相关规则

《知识产权强国建设纲要（2021—2035年）》要求，构建响应及时、保护合理的新兴领域和特定领域知识产权规则体系。建立健全新技术、新产业、新业态、新模式知识产权保护规则。探索完善互联网领域知识产权保护制度。研究构建数据知识产权保护规则。完善开源知识产权和法律体系。研究完善算法、商业方法、人工智能产出物知识产权保护规则。加强知识产权数据标准制定和数据资源供给，建立市场化、社会化的信息加工和服务机制。规范知识产权数据交易市场，推动知识产权信息开放共享，处理好数据开放与数据隐私保护的关系，提高传播利用效率，充分实现知识产权数据资源的市场价值。推动知识产权信息公共服务和市场化服务协调发展。加强国际知识产权数据交换，提升运用全球知识产权信息的能力和水平。

《“十四五”国家知识产权保护和运用规划》要求，健全大数据、人工智能、基因技术等新领域新业态知识产权保护制度。研究构建数据知识产权保护规则。完善开源知识产权和法律体系。完善电子商务领域知识产权保护机制。

《网络安全审查办法》第3条规定：“网络安全审查坚持防范网络安全风险与促进先进技术应用相结合、过程公正透明与知识产权保护相结合、事前审查与持续监管相结合、企业承诺与社会监督相结合，从产品和服务以及数据处理活动安全性、可能带来的国家安全风险等方面进行审查。”

第二十条 市知识产权部门制定数字贸易知识产权保护指引，指导市场主体了解目标市场产业政策、贸易措施、技术标准等，对标国际通行知识产权保护规则，做好数字产品制造、销售等全产业链知识产权侵权风险甄别和应对。

条文条旨

本条是关于数字贸易知识产权保护工作重点的规定。

条文说明

本条明确了知识产权部门在数字贸易方面，通过对标国际通行的知识产权保护规则，制定数字贸易知识产权保护指引，指导市场主体在数字贸易的各个环节中甄别、应对知识产权侵权风险。数字贸易知识产权保护工作重点主要集中在数字贸易知识产权保护与数字贸易知识产权保护指引两个方面。

关于数字贸易知识产权保护。数字贸易是以互联网为基础，以数字交换技术为手段，为供求双方提供交互所需的数字化电子信息，实现以数字化信息为贸易标的的一种创新的商业模式。当前，数字经济已逐渐成为世界经济增长的新引擎，数字经济与知识产权保护也有着密不可分的关系，数字经济的本质是创新，核心是融合，其以数字化的知识和信息为关键生产要素，以数字技术创新为核心驱动力，以现代信息网络为重要载体。而知识产权旨在激励创新，促进运用，助力以创新为驱动力的产业高质量发展。

关于数字贸易知识产权保护指引。为强化数据产业等知识产权保护，需建立健全的专利导航机制，组建专利导航项目成果数据库，加强对数字经济、战略性新兴产业等本市重点行业、领域的专利信息分析，定期发布专利导航成果和专利导航报告。

相关规则

《国务院关于深化北京市新一轮服务业扩大开放综合试点建设国家服务业扩大开放综合示范区工作方案的批复》（国函〔2020〕123 号）规定，研究建立完善数字贸易知识产权相关制度。

中共北京市委、北京市人民政府关于印发《北京市“十四五”时期国际科技创新中心建设规划》的通知要求，研究建立与完善国际数字产品专利、版权、商业秘密等数字贸易知识产权相关制度。

第二十一条 单位或者个人向境外转移国家限制出口的技术涉及知识产权对外转让的，市商务、知识产权、科技、农业农村、园林绿化等部门应当按照规定进行审查。

外国投资者并购在京企业涉及知识产权对外转让，且该并购属于国家规定的安全审查范围的，市知识产权、版权、农业农村、园林绿化等部门应当配合国务院有关部门开展审查工作。

条文条旨

本条是关于本市知识产权对外转让安全审查的规定。

条文说明

本条规定了限制类技术出口和外国投资者并购在京企业涉及知识产权对外转让的安全审查机制，明确了本市相关行政部门依法承担的知识产权对外转让安全审查相关职责。

关于知识产权对外转让。本条所称的知识产权对外转让，是指中国单位或者个人将其境内知识产权转让给外国企业、个人或者其他组织，包括权利人的变更、知识产权实际控制人的变更和知识产权的独占实施许可。其中，知识产权的类型主要包括：技术出口、外国投资者并购境内企业等活动中涉及的专利权、集成电路布图设计专有权、计算机软件著作权、植物新品种权及其申请权。这一界定范围直接源自国务院办公厅印发的《知识产权对外转让有关工作办法（试行）》（国办发〔2018〕19号）的规定。根据该办法，2018年我国正式建立了知识产权对外转让的安全审查机制。

关于国家限制出口的技术。本条所称的国家限制出口的技术是指，属于《中华人民共和国对外贸易法》第16条规定的情形之一，并依据《中华人民共和国技术进出口管理条例》（以下简称《技术进出口管理条例》）第28条被列入国务院外经贸主管部门会同国务院有关部门制定并公布的限制出口技术目录的技术。现行有效的《中国禁止出口限制出口技术目录》是2020年8月28日由商务部、科技部公告2020年第38号调整后发布的。其中，限制出口技术总涉及农业，医药制造业，专业设备制造业，通信设备、计算机及其他电子设备制造业，软件业等17个行业领域。

关于并购属于国家规定的安全审查范围。本条所称的安全审查范围是指，根据《国务院办公厅关于建立外国投资者并购境内企业安全审查制度的通知》（国办发〔2011〕6号）所确定的范围，主要包括："外国投资者并购境内军工及军工配套企业，重点、敏感军事设施周边企业，以及关系国防安全的其他单位；外国投资者并购境内关系国家安全的重要农产品、重要能源和资源、重要基础设施、重要运输服务、关键技术、重大装备制造等企业，且实际控制权可能被外国投资者取得。"

关于知识产权对外转让安全审查部门及其分工。本条明确规定，限制类技术出口涉及知识产权对外转让的，由市商务、知识产权、科技、农业农村、园林绿化等部门按照规定进行审查。根据《知识产权对外转让有关工作办法（试行）》的规定，市商务部门作为地方贸易主管部门依法负责受理当事人申请、转送相关材料、依据知识产权审查意见作出审查决定并告知当事人。相关知识产权保护部门承担具体知识产权安全审查工作。其中，涉及专利权、集成电路布图设计专有权等知识产权对外转让的，由市知识产权局负责。涉及计算机软件著作权对外转让的，由市商务局和市科委按照《技术进出口管理条例》《计算机软件保护条例》等有关规定进行审查。涉及植物新品种权对外转让的，由市农业农村和园林绿化部门根据《植物新品种保护条例》等有关规定，按照职责进行审查。

外国投资者并购在京企业涉及知识产权对外转让的，则由国务院有关部门开展审查工作，市知识产权、版权、农业农村、园林绿化等管理部门主要承担配合协助义务。具体分工根据《知识产权对外转让有关工作办法（试行）》的有关规定，涉及专利权、集成电路布图设计专有权的，由国务院知识产权主管部门负责；涉及计算机软件著作权的，由国家版权主管部门负责；涉及植物新品种权的，由国务院农业主管部门和林业主管部门按职责分别负责。

相关规则

国务院办公厅关于印发的《知识产权对外转让有关工作办法（试行）》的通知（国办发〔2018〕19号）。

其中审查机制部分，针对技术出口中涉及的知识产权对外转让审查规定：

1. 在技术出口活动中，出口技术为我国政府明确的禁止出口限制出口技术目录中限制出口的技术时，涉及专利权、集成电路布图设计专有权、计算机软件著作权等知识产权的，应当进行审查。

2. 地方贸易主管部门收到技术出口经营者提交的中国限制出

口技术申请书后，涉及专利权、集成电路布图设计专有权等知识产权对外转让的，应将相关材料转至地方知识产权管理部门。地方知识产权管理部门收到相关材料后，应对拟转让的知识产权进行审查并出具书面意见书，反馈至地方贸易主管部门，同时报国务院知识产权主管部门备案。

3. 地方贸易主管部门应当依据地方知识产权管理部门出具的书面意见书，并按照《技术进出口管理条例》等有关规定作出审查决定。

4. 涉及计算机软件著作权对外转让的，由地方贸易主管部门和科技主管部门按照《技术进出口管理条例》《计算机软件保护条例》等有关规定进行审查。对外转让的计算机软件著作权已经在计算机软件登记机构登记的，地方贸易主管部门应当将审查结果及时通知计算机软件登记机构。经审查不得转让的，计算机软件登记机构在接到通知后，不得办理权属变更登记手续。

5. 涉及植物新品种权对外转让的，由农业主管部门和林业主管部门根据《植物新品种保护条例》等有关规定，按照职责进行审查，重点审查内容为拟转让的植物新品种权对我国农业安全特别是粮食安全和种业安全的影响。

第二十二条 任何单位或者个人有权向知识产权保护管理部门投诉、举报知识产权侵权违法行为。

知识产权保护管理部门应当健全知识产权侵权违法行为投诉、举报处理机制，对接 12345 市民服务热线及其网络平台，及时处理投诉、举报线索，并按规定将处理结果反馈投诉人、举报人。

条文条旨

本条是关于知识产权侵权违法行为投诉、举报处理机制的规定。

条文说明

投诉、举报制度的建立，一方面能够联系人民群众，使之充分发挥监督作用；另一方面也可在一定程度上震慑违法犯罪分子，减少知识产权侵权行为的发生。《“十四五”国家知识产权保护和运用规划》中明确指出要“推动完善知识产权纠纷投诉受理处理、诉讼调解对接、调解仲裁对接、行政执法与调解仲裁对接等机制”；“利用新技术手段畅通投诉举报渠道，提升打击侵权假冒行为的效率及精准度”。

本条明确了任何单位或者个人都有权针对知识产权侵权违法行为进行投诉、举报，明确了知识产权保护管理部门针对举报、投诉的重点工作内容。

本条所指的知识产权保护管理部门是指《条例》第 12 条中规定的知识产权、市场监督管理、版权、文化和旅游、农业农村、园林绿化等负有知识产权保护管理职责的部门。知识产权保护管理部门针对投诉、举报的工作内容主要包括以下几项。

一是要健全知识产权侵权违法行为投诉、举报处理机制，充分利用线上和线下的平台，以及已有的 12345 市民服务热线平台，补充接诉即办，完善跨部门合作的机制。

二是及时处理投诉、举报线索。投诉、举报平台作为与人民群众沟通的重要渠道，是人民群众反映知识产权侵权违法行为的主要途径，因此及时、正确地处理线索显得尤为重要。

三是按规定将处理结果反馈投诉人、举报人。及时处理线索并给予反馈也能在一定程度上提高投诉人、举报人的积极性，进一步推动知识产权侵权违法行为的发现与处理。

2021年，北京市出台了《北京市接诉即办工作条例》。知识产权举报投诉也属于接诉即办工作范围，应当按照接诉即办的要求对本市自然人、法人或者其他组织提出的涉及本市行政区域内关于知识产权违法侵权的咨询、求助、投诉、举报、建议等诉求给予快速响应、高效办理、及时反馈和主动治理。

相关规则

《关于强化知识产权保护的意见》指出，要强化维权援助、举报投诉等公共服务平台软硬件建设，丰富平台功能，提升便民利民服务水平。完善侵权假冒举报奖励机制，加大对举报人员奖励力度，激发社会公众参与知识产权保护工作的积极性和主动性。

《北京市接诉即办工作条例》第2条第2款规定："本条例所称接诉即办工作，是指本市对自然人、法人或者其他组织（以下统称诉求人）提出的涉及本行政区域的咨询、求助、投诉、举报、建议等诉求给予快速响应、高效办理、及时反馈和主动治理的为民服务机制。"

第二十三条 人民法院应当完善知识产权审判机制，依法实施知识产权侵权惩罚性赔偿、知识产权行为保全等制度，优化司法资源配置，提高知识产权案件审判质量和效率。

支持北京知识产权法院、北京互联网法院等审判机关加强知识产权审判功能建设，发挥专业化审判作用。

人民法院、人民检察院应当对知识产权案件中反映的普遍性、规律性问题，通过发布典型案例、司法保护状况以及提出司法建议、检察建议等方式，为政府部门、市场主体等健全制度、加强管理、消除隐患提供指引。

条文条旨

本条是关于促进和依法保障本市知识产权司法保护的规定。

条文说明

知识产权司法保护是本市知识产权保护体系的重要组成部分，在激励创新创造、维护公平竞争、促进文化繁荣等方面承担着重要职能。本条明确从知识产权审判能力建设、知识产权专门审判机构建设和司法机关公共服务职能建设三个方面系统规定了本市促进知识产权司法保护的关键举措。

关于知识产权审判能力建设。本条规定本市各级人民法院应当从完善知识产权审判机制，依法实施知识产权侵权惩罚性赔偿、知识产权行为保全等制度，优化司法资源配置，提高知识产权案件审判质量和效率等四个方面全面提高知识产权审判能力。知识产权审判涉及人民法院民事、行政、刑事三大审判领域，主要审理专利、商标、著作权、商业秘密、集成电路布图设计、植物新品种、地理标志等权利保护以及不正当竞争、垄断行为规制相关案件，是知识产权司法保护的核心。有效的知识产权司法保护手段有侵权惩罚性赔偿和行为保全等。

第一，知识产权侵权惩罚性赔偿。惩罚性赔偿指的是加害人给付受害人超过其实际损失数额的金钱赔偿，具有补偿受害人、惩罚加害人并遏制侵权的作用。目前，我国《民法典》《著作权法》《专利法》《商标法》《反不正当竞争法》均规定了知识产权侵权惩罚性赔偿制度。但各法间相关规定有所差异，为此最高人民法院出台了《最高人民法院关于审理侵害知识产权民事案件适用惩罚性赔偿的解释》（法释〔2021〕4 号），对知识产权民事案件中惩罚性赔偿的适用范围，故意、情节严重的认定，计算基数、倍数的确定等作出了具体规定。2022 年 4 月 25 日，北京市高级人民法院发布《关于侵害知识产权民事案件适用惩罚性赔偿审理指南》，对惩罚性赔偿制度的适用规则也予以了规范细化。

第二，知识产权行为保全。知识产权行为保全是为避免当事人或者利害关系人的利益受到不应有的损害，法院依申请对相关当事人的侵害或侵害之虞的行为采取的强制措施，是及时、有效保护知识产权的重要法律手段。我国加入世界贸易组织后，根据《与贸易有关的知识产权协议》的相关规定，我国《专利法》《商标法》《著作权法》等知识产权法律修改时均增加了行为保全的规定，即权利人和利害关系人有证据证明他人正在实施或者即将实施侵权行为，如不及时制止将使其合法权益受到难以弥补的损害的，可以在起诉前向法院申请采取责令停止有关行为的措施，并规定了申请条件和审查标准、解除条件等。2012 年修正后的《中华人民共和国民事诉讼法》（以下简称《民事诉讼法》）关于行为保全的规定，进一步为知识产权行为保全的法律适用提供了更加有力的法律依据。此外，为正确审查知识产权纠纷行为保全案件，及时有效地保护当事人的合法权益，进一步完善行为保全制度在知识产权与竞争纠纷领域的实施，2018 年最高人民法院出台了《最高人民法院关于审查知识产权纠纷行为保全案件适用法律若干问题的规定》。

关于知识产权专门审判机构建设。构建知识产权专门审判机构是知识产权司法保护专门化的载体和关键，也是知识产权司法保护能力的直接体现。建成知识产权专业化审判体系，优化案件管辖布局，对统一裁判标准、优化知识产权新法治环境等方面具有关键意义。北京知识产权法院和北京互联网法院等新型审判机构的构建，既是本市知识产权司法保护的重要支柱，也是知识产权保护体制机制改革创新的重要成果。根据中央全面深化改革领导小组第三次会议审议通过的《关于设立知识产权法院的方案》和第十二届全国人大常委会第十次会议通过的《关于在北京、上海、广州设立知识产权法院的决定》设立的北京知识产权法院是我国首批知识产权专门法院之一。自 2014 年 11 月 6 日北京知识产权法院正式成立以来，不断加强知识产权司法保护、积极推进司法体制改革探索、不断创立创新工作机制，各项工作扎实稳步推进，效果显著，充分体现了国家设立知识产权法院的正确举措。北京互联网法院于 2018 年 9 月 9 日成立，集中管辖北京市辖区内应当由基层人民法院受理的第一审特定类型互联网案件，其中包括在互联网上首次发表作品的著作权或者邻接权权属纠纷、在互联网上侵害在线发表或者传播作品的著作权或者邻接权而产生的纠纷、互联网域名权属、侵权及合同纠纷等知识产权纠纷案件。北京互联网法院是互联网知识产权司法保护的重要审判力量。

关于司法机关公共服务职能建设。发布典型案例、司法保护状况及提出司法建议和检察建议是人民法院和人民检察院充分发挥法定职责、普及知识产权法律意识、创新知识产权治理的重要切入点和有效方法，也是司法为民宗旨的重要体现。发布典型案例、公布司法保护状况已经成为本市各级法院和检察院普及知识产权知识、提升全社会知识产权意识的重要方式。因此，本《条例》明确对其予以固化。

此外，针对知识产权纠纷反映出的普遍性、规律性问题，《条例》提出司法建议和检察建议，有利于防患于未然、降低因知识产权纠纷快速上升而增加的司法成本，有利于提高各类创新主体的知识产权保护意识和能力，《条例》既是人民法院和人民检察院创新知识产权司法保护机制的重要内容，也是人民法院和人民检察院知识产权司法保护的正常延伸。最高人民法院印发的《关于加强司法建议工作的意见》就明确提出，司法建议是法律赋予人民法院的重要职责，是人民法院工作的重要组成部分，是充分发挥审判职能作用的重要方式。司法建议工作应当纳入人民法院的整体工作部署，要创新建议形式，规范建议程序，确保建议质量，增强建议效果，推动司法建议工作依法有序开展，努力实现司法建议工作的法律效果和社会效果的有机统一。最高人民检察院发布的《人民检察院检察建议工作规定》也明确规定，检察建议是人民检察院依法履行法律监督职责，参与社会治理，维护司法公正，促进依法行政，预防和减少违法犯罪，保护国家利益和社会公共利益，维护个人和组织合法权益，保障法律统一正确实施的重要方式。为此，《条例》本条规定对司法建议和检察建议也专门作出了规定。

相关规则

《知识产权强国建设纲要（2021—2035 年）》要求，健全公正高效、管辖科学、权界清晰、系统完备的司法保护体制。实施高水平知识产权审判机构建设工程，加强审判基础、体制机制和智慧法院建设。健全知识产权审判组织，优化审判机构布局，完善上诉审理机制，深入推进知识产权民事、刑事、行政案件“三合一”审判机制改革，构建案件审理专门化、管辖集中化和程序集约化的审判体系。加强知识产权法官的专业化培养和职业化选拔，加强技术调查官队伍建设，确保案件审判质效。积极推进跨区域知识产权远程诉讼平台建设。统一知识产权司法裁判标准和法律适用，完善裁判规则。

《“十四五”国家知识产权保护和运用规划》中提出的主要目标包括知识产权保护迈上新台阶。知识产权保护法治化水平不断提高，知识产权保护衔接机制更加完善，知识产权侵权惩罚性赔偿制度有效实施，侵权易发多发现象得到有效遏制，知识产权保护社会满意度达到并保持较高水平，关键核心技术领域高质量知识产权更多涌现，有效提升产业链供应链现代化水平，知识产权制度激励创新的基本保障作用充分发挥。

《关于加强知识产权审判领域改革创新若干问题的意见》要求，建立健全知识产权专门化审判体系。一是按照《国家知识产权战略纲要》要求，从推动建成知识产权强国和世界科技强国的战略高度，认真总结知识产权审判基本规律和经验，加强现状分析和对国际趋势的研判，研究建立国家层面知识产权案件上诉审理机制，实现有关知识产权案件审理专门化、管辖集中化、程序集约化和人员专业化，从根本上解决知识产权裁判尺度不统一、诉讼程序复杂等制约科技创新的体制性难题。二是全面总结北京、上海、广州知识产权法院设立、运行、建设、发展的经验，提出可复制、可推广的意见，依照法定程序实施；进一步健全符合知识产权司法保护规律的专门化审判体系，有效满足科技创新对知识产权专门化审判的司法需求。

《关于增设北京互联网法院、广州互联网法院的方案》提出，一是回应社会司法需求。优先选择互联网产业发达、涉网案件较多、技术条件具备、人才储备充分的地区增设互联网法院，集中受理辖区内特定类型第一审涉互联网案件。二是科学确定管辖范围。集中受理互联网特性突出、适宜在线审理的案件，推动繁荣数字经济、促进网络空间治理、确立互联网司法规则。三是健全完善诉讼规则。规范在线审理机制，拓展互联网法院创新空间，推动司法审判、诉讼机制与互联网技术深度融合。四是探索构建统一诉讼平台。推动互联网法院与相关国家机关、组织机构、主要电子商务平台信息交互共享，打破信息壁垒。

《关于加强司法建议工作的意见》提到，司法建议是法律赋予人民法院的重要职责，是人民法院工作的重要组成部分，是充分发挥审判职能作用的重要方式。各级人民法院要准确把握国内外形势的新变化、新特点，牢牢抓住科学发展这个主题，紧紧围绕加快转变经济发展方式这条主线，在狠抓执法办案第一要务的同时，依法履行好司法建议职责，积极促进有关单位科学决策、完善管理、消除隐患、改进工作、规范行为，不断提高科学管理水平，预防和减少社会矛盾纠纷。

对审判执行工作中发现的下列问题，人民法院可以向相关党政机关、企事业单位、社会团体及其他社会组织提出司法建议，必要时可以抄送该单位的上级机关或者主管部门：①涉及经济社会发展重大问题需要相关方面积极加以应对的；②相关行业或者部门工作中存在的普遍性问题，需要有关单位采取措施的；③相关单位的规章制度、工作管理中存在严重漏洞或者重大风险的；④国家利益、社会公共利益受到损害或者威胁，需要有关单位采取措施的。

《人民检察院检察建议工作规定》第 2 条规定："检察建议是人民检察院依法履行法律监督职责，参与社会治理，维护司法公正，促进依法行政，预防和减少违法犯罪，保护国家利益和社会公共利益，维护个人和组织合法权益，保障法律统一正确实施的重要方式。"

第二十四条 人民法院、人民检察院、公安机关应当依法惩治知识产权犯罪，加大对链条式、产业化知识产权犯罪的惩治力度。

条文条旨

本条是关于依法惩治知识产权犯罪的规定。

条文说明

本条明确人民法院、人民检察院、公安机关针对知识产权犯罪行为应加大惩治力度的要求。

知识产权作为重要的生产要素，在经济社会发展中发挥着越来越重要的作用。自1979年《中华人民共和国刑法》（以下简称《刑法》）设立假冒注册商标罪以来，为有效打击犯罪，我国通过不断加强和完善知识产权刑事立法、颁布司法解释，建立了较为系统的知识产权刑法保护体系。综观40多年《刑法》对知识产权保护的发展历程，我国总体上呈现对知识产权犯罪从严打击的趋势。自1997年修订的《刑法》“分则”第三章第七节用8个条文专门规定侵犯知识产权罪以来，历次《刑法》修正中均未涉及对该类犯罪的修改。2020年12月26日第十三届全国人民代表大会常务委员会第二十四次会议通过、2021年3月1日起施行的《中华人民共和国刑法修正案（十一）》首次对侵犯知识产权罪作出修改，且修改条文达到7条，彰显了我国加强知识产权法律保护的坚定立场，对知识产权犯罪的司法实务具有重要影响。

侵犯知识产权行为具有严重的社会危害性，此类犯罪侵权人通过仿冒、盗版、窃取等手段，减省研发成本、规避培育市场、建立商誉的漫长周期，以低成本产品挤占市场份额，攫取高额利润，对守法企业和正常的市场经济秩序带来巨大冲击。而且，对此违法犯罪行为一旦蔓延，有关部门若处置不当，会导致不法分子纷纷效仿，仿冒、盗版、窃取等行为充斥市场，整个社会都将逐渐失去创新活力，丧失创新能力。随着网络技术的迅速发展，利用互联网实施侵犯知识产权犯罪的案件数量快速增长，案件呈现生产、物流、销售环节分离、上下线延长、受害人分布广及数额认定复杂等特点，而侵犯知识产权行为的手段也不断翻新。

因此，本条规定明确了重点加大惩治力度的打击对象：一是横向的规模化犯罪，即达到产业化水平的犯罪；二是纵向规模化犯罪，即打击犯罪的上下游链条，不仅局限于侵权成品的制造和销售行为。

相关规则

《知识产权强国建设纲要（2021—2035 年）》要求，加大刑事打击力度，完善知识产权犯罪侦查工作制度。修改完善知识产权相关司法解释，配套制定侵犯知识产权犯罪案件立案追诉标准。加强知识产权案件检察监督机制建设，加强量刑建议指导和抗诉指导。

《“十四五”国家知识产权保护和运用规划》提出，加强知识产权国际合作机制建设。巩固和完善“一带一路”知识产权合作，充分利用“一带一路”知识产权合作平台，扩大合作项目规模和储备。深度参与金砖国家、中美欧日韩、中日韩、中国—东盟等小多边知识产权合作，加强与各方政策和业务规则交流，支持产业界积极参与相关合作机制。完善跨境司法协作安排，加强防范打击侵犯知识产权犯罪国际合作。

《关于强化知识产权保护的意见》提出，探索加强对商业秘密、保密商务信息及其源代码等的有效保护。加强刑事司法保护，推进刑事法律和司法解释的修订完善。加大刑事打击力度，研究降低侵犯知识产权犯罪入罪标准，提高量刑处罚力度，修改罪状表述，推动解决涉案侵权物品处置等问题。强化打击侵权假冒犯罪制度建设，探索完善数据化打假情报导侦工作机制，开展常态化专项打击行动，持续保持高压严打态势。

第二十五条　本市健全技术调查官制度。人民法院、人民检察院、知识产权保护管理部门处理涉及专利、计算机软件、集成电路布图设计、技术秘密、植物新品种等专业技术性较强的知识产权案件，可以邀请、选聘相关专业技术人员担任技术调查官，提出技术调查意见，为认定技术事实提供参考。

条文条旨

本条是关于健全技术调查官制度的规定。

条文说明

设置技术调查官，为人民法院、人民检察院、知识产权保护管理部门厘清专业术语、理解技术方案进而查明技术事实提供了人力与智力支持，也为强化判断理由、支撑裁量过程、司法效率提供了保障和参谋。完善健全技术调查官制度，推动技术调查官队伍建设，有效提升技术事实认定的中立性、客观性和科学性，为充分发挥知识产权司法保护主导作用提供了更加有力的保障。

本条明确了设立技术调查官制度的目标，其适用范围为专业技术性较强的知识产权案件，调查官构成为专业技术人员，调查官职责包括提出技术调查意见，为认定技术事实提供参考。

早在2019年，最高人民法院公布的《关于技术调查官参与知识产权案件诉讼活动的若干规定》，明确审理技术类知识产权案件的人民法院将施行技术调查官制度。关于技术调查意见的效力，该规定明确指出，技术调查意见可以作为合议庭认定技术事实的参考，由合议庭对技术事实的认定依法承担责任。为强化技术调查官的责任，该规定对技术调查官故意出具不实技术调查意见的责任追究也作出相关规定。《条例》本条规定的技术官调查制度不仅适用于人民法院，也适用于人民检察院、知识产权保护管理部门。

自2014年起，北京市知识产权局聘请专业人员参与专利侵权行政裁决工作，协助查明技术事实；2017年正式建立技术调查官制度，制定《技术分析师选任和管理办法》，规范行政裁决技术调查官选任和管理事项。同年正式聘用15名审查员作为首批技术调查官，2018年增聘第二批23名，技术领域涵盖机械、电子、光电、医药生物、外观设计等方面。《技术分析师选任和管理办法》明确，技术调查官需要具备“普通高等院校理工科专业本科及以上学历，中级以上专业技术资格，5年以上相关专业技术领域生产、管理、审查或研究工作经验”等任职条件。①

技术调查官的参与，增强了技术事实认定的中立性、客观性和科学性，为行政裁决提供了重要的专业技术支撑，提升了办案效率。同期，北京市知识产权局开始聘请专利审查员，协助参与专利侵权行政裁决工作，协助查明技术事实。目前，北京市知识产权局聘请的技术调查官均为兼职，任职期限为3年，期满后可以根据需要由北京市知识产权局重新聘用。

相关规则

《知识产权强国建设纲要（2021—2035年）》要求，加强技术调查官队伍建设，确保案件审判质效。大力提升行政执法人员专

① 参见 http://www.ahipdc.cn/zwyw/tszs/413681.html，2023年1月28日访问。

业化、职业化水平，探索建立行政保护技术调查官制度。

《关于强化知识产权保护的意见》提出，加强专业技术支撑。在知识产权行政执法案件处理和司法活动中引入技术调查官制度，协助行政执法部门、司法部门准确高效认定技术事实。

《“十四五”国家知识产权保护和运用规划》提出，加强知识产权司法工作人员培养和选拔，加强技术调查官队伍建设，建立行政保护技术调查官制度。

第二十六条　人民法院、人民检察院、知识产权保护管理部门应当结合新技术特点，健全相关证据规则。

鼓励当事人采用时间戳、区块链等电子存证技术获取、固定知识产权保护相关证据。

条文条旨

本条是关于本市知识产权保护证据规则和证据获取、固定方式的规定。

条文说明

证据的认定对于保护当事人及其他诉讼参与人的合法权益，确保公正高效审理案件有着至关重要的作用。为进一步统一裁判标准，促进当事人遵循诚信原则，积极、全面、诚实地提供证据，证据规则的健全不可或缺。2021 年，北京市高级人民法院发布了《北京市高级人民法院知识产权民事诉讼证据规则指引》，对知识产权诉讼实践中涉及证据的难点问题、新问题予以回应，统一了证据裁判标准，并为当事人提供了必要的举证指引。

本条明确了北京市健全与知识产权保护有关的证据规则的主

体，健全证据规则应当与新技术的特点相结合。除此之外，对当事人采取电子存证技术获取、固定知识产权保护相关证据予以鼓励。

本条规定了健全证据规则的主体包括人民法院、人民检察院以及知识产权保护管理部门。知识产权保护管理部门是指具体承担知识产权保护专门职责的部门，即《条例》第 7 条第 2 款中指明的政府部门。

证据规则是在诉讼过程中关于证据资料可以作为诉讼证据以证明案件事实并加以提出、收集和运用的原则和规范。

电子存证是指通过信息技术手段，把互联网（虚拟世界）或现实世界中发生过的事件记录下来，以便将来能够证明事件在什么时间、什么地点发生过。

在鼓励当事人使用电子存证技术方面，本条第 2 款列举了时间戳、区块链两种电子存证技术。除此之外，电子签名、哈希值校验等亦属于电子存证技术。时间戳是使用数字签名技术产生的数据，电子签名的对象包括原始文件信息、签名参数、签名时间等信息。

时间戳，是指权威机构使用数字签名技术产生的能够证明所签名的原始文件在签名时间之前已经存在的数据。由权威组织机构签发的能证明数据电文（电子文件）在一个时间点是已经存在的、完整的、可验证的，具备法律效力的电子凭证。

区块链有狭义和广义之分。

狭义区块链是按照时间顺序，将数据区块以顺序相连的方式组合成的链式数据结构，并以密码学方式保证的不可篡改和不可伪造的分布式账本。

广义区块链是利用块链式数据结构验证与存储数据，利用分布式节点共识算法生成和更新数据，利用密码学的方式保证数据传输和访问的安全，利用由自动化脚本代码组成的智能合约，编程和操作数据的全新的分布式基础架构与计算范式。

相关规则

《关于强化知识产权保护的意见》规定，完善新业态新领域保护制度。加强公证电子存证技术推广应用。

第二十七条　本市建立健全知识产权行政保护和司法保护衔接机制，推动知识产权保护管理部门与人民法院、人民检察院、公安机关之间开展知识产权案件移送、线索通报、信息共享。

条文条旨

本条是关于构建北京市知识产权行政保护、司法保护协作机制的规定。

条文说明

本条完善行政保护和司法保护衔接机制，促进知识产权行政执法标准和司法裁判标准统一，全面建立并实施知识产权行政保护、司法保护全链条的衔接与协作。

本条规定所确定的知识产权保护管理部门，是指具体承担知识产权行政保护专门职责的部门。本条侧重于知识产权行政保护的对外合作交流机制和方法。

本条内容对司法保护机关的范围进行了进一步的说明。本条规定所指的司法机关，即人民法院、人民检察院和公安机关，其中主要指其中有关知识产权保护的职责部门以及其中能够对外进行交流协作的相关部门或机构。

行政保护与司法保护衔接的内容包括：一是案件移送，二是线索通报，三是信息共享。完善执法协作工作平台，健全知识产权行政保护和司法保护衔接机制，可以提高知识产权保护的效率，建立快速保护通道，促进知识产权相关营商环境健康良好发展；同时，可保障涉嫌知识产权犯罪案件依法及时进入司法程序。

相关规则

《最高人民检察院关于推进行政执法与刑事司法衔接工作的规定》第 2 条规定："人民检察院开展行政执法与刑事司法衔接工作，应当严格依法、准确及时，加强与监察机关、公安机关、司法行政机关和行政执法机关的协调配合，确保行政执法与刑事司法有效衔接。"

第 14 条规定："人民检察院应当定期向有关单位通报开展行政执法与刑事司法衔接工作的情况。发现存在需要完善工作机制等问题的，可以征求被建议单位的意见，依法提出检察建议。"

第 16 条规定："人民检察院应当配合司法行政机关建设行政执法与刑事司法衔接信息共享平台。已经接入信息共享平台的人民检察院，应当自作出相关决定之日起七日以内，录入相关案件信息。尚未建成信息共享平台的人民检察院，应当及时向有关单位通报相关案件信息。"

《行政执法机关移送涉嫌犯罪案件的规定》第 3 条规定："行政执法机关在依法查处违法行为过程中，发现违法事实涉及的金额、违法事实的情节、违法事实造成的后果等，根据刑法关于破坏社会主义市场经济秩序罪、妨害社会管理秩序罪等罪的规定和最高人民法院、最高人民检察院关于破坏社会主义市场经济秩序罪、妨害社会管理秩序罪等罪的司法解释以及最高人民检察院、公安部关于经济犯罪案件的追诉标准等规定，涉嫌构成犯罪，依法需要追究刑事责任的，必须依照本规定向公安机关移送。知识产权领域的违法案件，行政执法机关根据调查收集的证据和查明的案件事实，认为存在犯罪的合理嫌疑，需要公安机关采取措施进一步获取证据以判断是否达到刑事案件立案追诉标准的，应当向公安机关移送。”

第 14 条规定：“行政执法机关移送涉嫌犯罪案件，应当接受人民检察院和监察机关依法实施的监督。任何单位和个人对行政执法机关违反本规定，应当向公安机关移送涉嫌犯罪案件而不移送的，有权向人民检察院、监察机关或者上级行政执法机关举报。”

《最高人民检察院　国家知识产权局关于强化知识产权协同保护的意见》指出，建立线索双向移送机制。各级知识产权管理部门在工作中发现涉嫌犯罪的案件线索，在向公安机关移送案件线索的同时抄送同级检察机关。对于公安机关应当立案侦查而不立案侦查的，可建议检察机关依法进行刑事立案监督。检察机关对知识产权管理部门提出的立案监督建议，应当依法受理和审查并及时反馈案件处理情况。各级检察机关对于作出不起诉决定但应予行政处罚的案件，应当移送同级负责专利商标执法的部门，相关部门及时将处理结果反馈同级检察机关。各级知识产权管理部门对人民法院生效的行政判决、裁定、调解书不服的，可依据行政诉讼法等有关法律规定向检察机关申请监督或提供线索，检察机关应依法审查并及时反馈。对于确有错误的，应当依法进行监督。

第三章　社会共治

第二十八条　网络服务提供者应当依法履行知识产权保护义务，并遵守下列规定：

（一）建立知识产权保护规则，明确网络用户的知识产权保护义务、知识产权治理措施、争议解决方式等内容；

（二）采取与其技术能力、经营规模以及服务类型相适应的预防侵权措施；

（三）在显著位置公示权利人提交侵权通知的主要渠道，不得采用限定渠道、限制次数等方式限制或者变相限制权利人提交通知；

（四）及时公示侵权通知、不存在侵权行为的声明及处理结果。

条文条旨

本条是关于网络服务提供者知识产权协同保护义务的规定。

条文说明

本条规定所称的网络服务提供者，是指为他人的网络信息传播或信息分享提供接入、路由、搜索定位、存储空间等技术服务，或者在电子商务中为他人提供网络经营场所、交易撮合、信息发布等平台服务的主体。

本条明确了网络服务提供者的知识产权协同保护义务，并且重点规定了网络服务提供者应承担的知识产权协同保护义务：一是建立知识产权保护规则的义务；二是采取预防侵权措施的义务；三是保障权利人的侵权通知权的义务；四是及时公示侵权通知、不存在侵权行为的声明及处理结果的义务。

关于网络服务提供者的知识产权协同保护义务方面，本条规定如下。

一是建立知识产权保护规则。《电子商务法》第 41 条规定："电子商务平台经营者应当建立知识产权保护规则，与知识产权权利人加强合作，依法保护知识产权。"本条第 1 项规定将建立知识产权保护规则的义务主体从电子商务平台经营者扩大到网络服务提供者，并且明确了网络用户知识产权保护义务、知识产权治理措施、争议解决方式等知识产权保护规制内容。

二是采取预防侵权措施。本条第 2 项规定，基于行为人的侵权防控成本与其应负担的侵权注意义务程度成反比的原理，对网络服务提供者设置了采取与其技术能力、经营规模以及服务类型相适应的预防侵权措施的知识产权协同保护义务。

一方面，云计算、大数据和人工智能等技术的发展极大地提高了各类型网络服务提供者的知识产权侵权监测与控制能力。国家版权局于 2015 年发布的《国家版权局关于规范网盘服务版权秩序的通知》第 2 条规定："网盘服务商应当建立必要管理机制，运用有效技术措施，主动屏蔽、移除侵权作品，防止用户违法上传、存储并分享他人作品。"该通知还规定了网盘服务商采取的有效措施，已经超出了"避风港规则"中注意义务的范围，实质上是要求网盘服务商对用户上传的内容进行版权审查。此外，国家版权局不间断发布的"重点作品版权保护预警名单"，同样要求网络服务提供者承担一定的版权审查义务。[①] 2020 年 10 月，国家市场监督管理总局等 14 部门发布的《2020 网络市场监管专项行动（网剑行动）方案》，规定要落实电商平台责任，夯实监管基础进一步督促平台对平台内经营者商标、专利、版权等注册或授权信息进行核查，不断强化落实平台知识产权保护责任。

另一方面，网络服务提供者在收到知识产权侵权通知后，应提高相应的注意义务，不仅要履行对特定侵权内容或商品的移除义务，还应当采取过滤技术检测并阻止同一侵权内容或商品的再次上传或经营。

三是保障权利人的侵权通知权。根据《民法典》《电子商务法》的规定，知识产权权利人认为其知识产权受到侵害的，有权通知网络服务提供者采取必要措施。权利人的权利行使必然对应义务人的不妨碍权利行使甚至协助权利行使的义务。根据《电子商务法》的规定，包含知识产权治理措施启动条件和程序、争议解决方式的平台、知识产权保护规则，应当为知识产权权利人提供顺畅的维权机制[②]，不得降低法定的知识产权保护水平或者为知识产权保护设置不合理的条件或者障碍。[③]

本条第 3 项从义务角度保障权利人侵权通知权的行使，明确了网络服务提供者作为知识产权协同保护义务人为保障权利人的侵

---

① 熊皓男：《论网络服务提供者的版权审查义务》，载《电子知识产权》2021 年第 6 期，第 38 ~ 39 页。

② 宋燕妮主编：《〈中华人民共和国电子商务法〉精释与适用》，中国民主法制出版社 2018 年版，第 120 页。

③ 电子商务法起草组编著：《中华人民共和国电子商务法条文释义》，中国民主法制出版社 2018 年版，第 125 页；薛虹：《系列解读四：电子商务平台知识产权保护制度解读》，载商务部网站，http://www.mofcom.gov.cn/article/zt_dzswf/ImportNews/201901/20190102830814.shtml，2020 年 8 月 6 日访问。

权通知权所负有的作为义务和不作为义务，即以显著方式公示权利人提交侵权通知的渠道，不得采用限定渠道、限制次数等方式限制或者变相限制权利人提交通知。

四是及时公示侵权通知、不存在侵权行为的声明及处理结果。《电子商务法》第44条规定："电子商务平台经营者应当及时公示收到的本法第四十二条、第四十三条规定的通知、声明及处理结果。"电商平台公示通知、声明及处理结果，"目的是保证知识产权'通知—删除'规则执行的公开透明，保障各方相关利益包括消费者的知情权，通过信息公开的方式促进平台及时、公正、合理处理相关通知和声明，也使得知识产权权利人、电子商务平台经营者、平台内经营者的相关行为都处于公众的监督之下，促使其遵守诚实信用原则而谨慎行事"。[①] 电商平台"应当及时公示收到的知识产权人通知、平台内经营者的声明及处理结果，目的是保证平台治理的公开透明，接受有关各方的监督，避免出现平台经营者收到通知、声明后予以隐匿，或者采取措施不符合规定等情况"。[②] 本条第4项将"及时公示侵权通知、不存在侵权行为的声明及处理结果"的义务主体从电子商务平台经营者扩大到了网络服务提供者。

网络平台是《民法典》《电子商务法》《信息网络传播权保护条例》"通知—删除"规则框架下的平台内知识产权治理的协同监管者，对平台内知识产权负有协同保护、监管和治理义务。如果网络平台不履行其知识产权协同保护义务，会使得权利人行使通

---

① 宋燕妮主编：《〈中华人民共和国电子商务法〉精释与适用》，中国民主法制出版社2018年版，第127页。

② 电子商务法起草组编著：《中华人民共和国电子商务法条文释义》，法律出版社2018年版，第132页；薛虹：《系列解读四：电子商务平台知识产权保护制度解读》，载商务部网站，http://www.mofcom.gov.cn/article/zt_dzswf/ImportNews/201901/20190102830814.shtml，2020年8月6日访问。

知权面临严重障碍,[①] 这不仅增加了权利人的维权成本，而且会导致本应协同共振的知识产权行政保护与民事保护之间衔接不畅，弱化了对网络场域知识产权侵权的惩处力度，降低了平台内经营者进驻网络平台从事营业活动时应承担的平台监管成本，以及其侵权后快速被网络平台采取措施的营业成本。

网络平台发挥其对平台内知识产权治理的协同监管作用，实现平台治理事先监管与侵权责任事后救济的协调一致，行政保护与民事保护的双管齐下，能够充分贯彻《民法典》《电子商务法》的制度设计理念，在为权利人快速维权清除障碍、畅通权利人网络维权渠道[②]、降低维权成本的同时，压实网络平台的协同监管责任，将侵权惩治成本及时传导给侵权人。而若要在制度运行层面实现这一目标，则必须进一步明确网络平台依据《电子商务法》所负有的知识产权协同保护、监管和治理行政义务，并且针对这些义务设定相应的法律责任条款，以确保监管部门能够按照具体、统一的执法标准督促网络平台履行义务。

相关规则

《关于强化知识产权保护的意见》提出，推动简易案件和纠纷快速处理。建立重点关注市场名录，针对电商平台、展会、专业市场、进出口等关键领域和环节构建行政执法、仲裁、调解等快速处理渠道。推动电商平台建立有效运用专利权评价报告快速处

---

① 例如，《最高人民法院关于审理涉电子商务平台知识产权民事案件的指导意见》第 4 条规定："依据电子商务法第四十一条、第四十二条、第四十三条的规定，电子商务平台经营者可以根据知识产权权利类型、商品或者服务的特点等，制定平台内通知与声明机制的具体执行措施。但是，有关措施不能对当事人依法维护权利的行为设置不合理的条件或者障碍。"

② 《最高人民法院关于全面加强知识产权司法保护的意见》第 6 条规定："……完善'通知—删除'等在内的电商平台治理规则，畅通权利人网络维权渠道。……"

置实用新型和外观设计专利侵权投诉制度。指导各类网站规范管理，删除侵权内容，屏蔽或断开盗版网站链接，停止侵权信息传播，打击利用版权诉讼进行投机性牟利等行为。

《电子商务法》第 9 条第 1 款规定：“本法所称电子商务经营者，是指通过互联网等信息网络从事销售商品或者提供服务的经营活动的自然人、法人和非法人组织，包括电子商务平台经营者、平台内经营者以及通过自建网站、其他网络服务销售商品或者提供服务的电子商务经营者。”

第 41 条规定：“电子商务平台经营者应当建立知识产权保护规则，与知识产权权利人加强合作，依法保护知识产权。”

第二十九条　在本市举办展览会、展示会、博览会、交易会（以下统称展会）等活动的，展会主办方、承办方应当依法履行知识产权保护义务，并遵守下列规定：

（一）对参展项目的知识产权状况开展展前审查，督促参展方对参展项目进行知识产权状况检索；

（二）要求参展方作出参展项目不侵犯他人知识产权的承诺，并与参展方约定知识产权投诉处理程序和解决方式；

（三）设立展会知识产权投诉机构或者指定专人负责接受投诉、调查处理，并将投诉、调查处理的相关资料在展会结束后报送市知识产权部门。

知识产权权利人或者利害关系人认为参展项目侵犯其知识产权的，可以向展会主办方、承办方投诉，并提供知识产权权利证明；展会主办方、承办方经调查，初步判定参展项目涉嫌侵权的，应当要求相关参展方按照约定采取遮盖、撤展等处理措施。

条文条旨

本条是关于本市展会涉及的知识产权保护的规定。

条文说明

本条明确规定了展会主办方、承办方的知识产权协同保护义务，以及展会涉及的知识产权临时保护措施的程序。

本条是为应对展会涉及的知识产权保护面临的新问题所做的规定。展会主办方、承办方是《展会知识产权保护办法》（商务部、国家工商总局、国家版权局、国家知识产权局 2006 年第 1 号令）、《北京市展会知识产权保护办法》（北京市人民政府令第 201 号）制度框架下展会内知识产权治理的协同监管者，对展会涉及的知识产权负有协同保护、监管和治理义务。确保展会主办方、承办方切实履行知识产权协同保护义务的途径主要有以下几个。

一是市知识产权行政管理部门应当督促展会主办方或承办方根据国家、本市有关规定，结合实际需要设立展会知识产权投诉机构，履行展会期间的知识产权保护职责。不履职尽责的，知识产权行政管理部门可以将有关情况通报展会管理部门，并依据相关法律法规责令其改正或罚款。

二是展会主办方、承办方应当制定展会知识产权保护规则，实施参展产品知识产权报备制度和参展方不侵权承诺制度，并在招展时与参展方签订有知识产权保护条款约定的合同，对参展项目的知识产权状况进行审查。

三是参展方在同一展会主办方举办或者承办方承办的展会活动上再次侵犯同一知识产权或同一权利人拥有的知识产权，或者在展会期间对于已因涉嫌侵权而遮挡、下架的产品、资料再次上架或展示、宣传的，展会主办方或者承办方应当禁止该参展方参加其举办或者承办的下届展会活动。

本条规定的展会主办方、承办方的知识产权协同保护义务的内容，主要包括以下几项。

一是展会前审查知识产权状况、督促参展方进行知识产权状况检索。《展会知识产权保护办法》第4条第1款规定："展会主办方应当依法维护知识产权权利人的合法权益。展会主办方在招商招展时，应加强对参展方有关知识产权的保护和对参展项目（包括展品、展板及相关宣传资料等）的知识产权状况的审查……"《北京市展会知识产权保护办法》第7条规定："主办方应当依法做好展会知识产权保护工作，建立健全展前审查参展项目（包括展品、展板、展台及相关宣传资料等）知识产权状况的制度，督促参展方对可能引发知识产权纠纷的参展项目进行检索。"中共北京市委办公厅、北京市人民政府办公厅发布的《关于强化知识产权保护的行动方案》规定，要实施参展产品知识产权报备制度。《条例》本条第1款第1项对上述规定予以细化落实，明确了展会主办方、承办方负有对参展项目的知识产权状况进行展前审查，以及督促参展方对参展项目进行知识产权检索的知识产权协同保护义务。

二是要求参展方作出不侵权承诺。《展会知识产权保护办法》第4条第2款规定："展会主办方可通过与参展方签订参展期间知识产权保护条款或合同的形式，加强展会知识产权保护工作。"《北京市展会知识产权保护办法》第9条第1款规定："主办方与参展方应当在参展合同中约定双方知识产权保护的权利、义务和相关内容。知识产权保护的内容应当包括：（一）参展方对参展项目不侵犯他人知识产权的承诺……"《关于强化知识产权保护的行动方案》规定，要实施参展方不侵权承诺制度。《条例》本条第1款第2项对上述规定予以细化落实，明确了展会主办方、承办方负有要求参展方作出参展项目不侵犯他人知识产权承诺的知识产权协同保护义务。

三是与参展方约定知识产权投诉处理程序和解决方式。《北京市展会知识产权保护办法》第 9 条第 1 款规定："主办方与参展方应当在参展合同中约定双方知识产权保护的权利、义务和相关内容。知识产权保护的内容应当包括……（二）知识产权投诉处理程序和解决方式……"《条例》本条第 1 款第 2 项对上述规定进一步优化，扩大了展会知识产权保护主体的范围，明确了展会主办方、承办方负有与参展方约定知识产权投诉处理程序和解决方式的知识产权协同保护义务。

四是接受投诉、调查处理，并在展会结束后将相关资料报送知识产权行政管理部门。《展会知识产权保护办法》第 6 条第 1 款规定："展会时间在三天以上（含三天），展会管理部门认为有必要的，展会主办方应在展会期间设立知识产权投诉机构。设立投诉机构的，展会举办地知识产权行政管理部门应当派员进驻，并依法对侵权案件进行处理。"第 7 条规定："展会知识产权投诉机构应由展会主办方、展会管理部门、专利、商标、版权等知识产权行政管理部门的人员组成……"第 11 条规定："展会知识产权投诉机构在收到符合本办法第八条规定的投诉材料后，应于 24 小时内将其移交有关知识产权行政管理部门。"《条例》本条第 1 款第 3 项在上述规定的基础上，根据本市实际情况予以优化调整，明确了展会主办方、承办方负有的接受投诉、调查处理，并在展会结束后将相关资料报送知识产权管理部门的知识产权协同保护义务。

在展会知识产权临时保护措施的程序方面，依据《北京市展会知识产权保护办法》的相关规定，展会主办方、承办方负有对知识产权侵权投诉进行调查处理的职责。根据《展会知识产权保护办法》第 4 条第 2 款、《北京市展会知识产权保护办法》第 9 条第 1 款的规定，主办方、承办方与参展方所订立的参展合同中的知识产权保护条款不仅应约定“知识产权投诉处理程序和解决方式”，还应约定“参展项目涉嫌侵权的，应当采取遮盖、撤展等处理措施”。因此，展会主办方、承办方作为展会知识产权治理的协同监管者，负有在权利人或者利害关系人有初步证据证明参展项目侵害知识产权时，采取遮盖、撤展等处理措施以防控知识产权侵权的义务。

自 2007 年北京市人民政府发布《北京市展会知识产权保护办法》以来，北京市加强展会知识产权保护，维护展会秩序，促进会展业健康发展，经过多年的运行，展会秩序已有较大改善。但是，在展会涉及的知识产权保护中还存在以下几个问题。其一，展会期限短，在展会现场处理侵权纠纷多采取调解的方式，对于较为复杂的技术类案件的侵权判定很难在展期内完成，因此造成展会上的侵权纠纷往往在展会结束后才能作出处理决定，但在该展会上，因侵权导致权利人的损失无法弥补。其二，对有侵权行为记录的参展商处理较轻。《北京市展会知识产权保护办法》仅针对当次展会中的侵权行为进行处理，展会侵权违法成本过低。其三，有的专利权如实用新型和外观设计，不需要实质审查即可获得专利权，其权利的稳定性不高。在被投诉方下架或遮挡侵权展品后，该专利权很可能随后依申请被宣告无效，但被投诉方由此遭受的损失却没有补偿途径。

相关规则

《展会知识产权保护办法》第 3 条规定：“展会管理部门应加强对展会期间知识产权保护的协调、监督、检查，维护展会的正常交易秩序。”

第 4 条规定：“展会主办方应当依法维护知识产权权利人的合法权益。展会主办方在招商招展时，应加强对参展方有关知识产权的保护和对参展项目（包括展品、展板及相关宣传资料等）的知识产权状况的审查。在展会期间，展会主办方应当积极配合知识产权行政管理部门的知识产权保护工作。展会主办方可通过与参展方签订参展期间知识产权保护条款或合同的形式，加强展会知识产权保护工作。”

第三十条　大型文化体育活动的主办方、承办方，应当依法加强知识产权保护，完善知识产权授权合作机制和风险管控机制，规范知识产权运用行为。

条文条旨

本条是关于大型文化体育活动知识产权保护的规定。

条文说明

本条是对大型文化体育活动知识产权保护作出的专门规定，突出了对大型文化体育活动相关知识产权的重视，符合北京全国文化中心、国际交往中心的定位，颇具北京特色。

本条明确规定了大型文化体育活动主办方、承办方的知识产权协同保护义务，对大型文化体育活动主办方、承办方的知识产权创造、运用、保护和管理活动提出倡导性指引。

《北京市大型群众性活动安全管理条例》第 2 条第 2 款的规定：“前款所称大型群众性活动（以下简称大型活动），是指租用、借用或者以其他形式临时占用场所、场地，面向社会公众举办的文艺演出、体育比赛、展览展销、招聘会、庙会、灯会、游园会等群体性活动。”

对于大型文化体育活动主办方、承办方的知识产权协同保护义务而言，作为大型文化体育活动的发起举办人或者筹备实施人，活动主办方、承办方可能享有大型文化体育活动的相关作品、赛事信号、标志或商标、外观设计或技术方案等客体上的知识产权。另外，大型文化体育活动的主办方、承办方还是该活动知识产权治理的协同监管者，对该活动涉及的知识产权负有协同保护、监管和治理的义务。

本条对大型文化体育活动主办方、承办方的知识产权创造、运用、保护和管理活动提出以下几个要求。

一是完善知识产权授权合作机制。如果大型文化体育活动的资产或产权系由其他组织或个人所有，那么活动主办方、承办方应当获得对活动相关版权、标志权或商标权、专利权等知识产权的授权。另外，活动主办方、承办方是大型文化体育活动相关知识产权的权利人或者独占被许可人，那么活动主办方、承办方也应构建合理的知识产权授权机制，对相关知识产权使用行为予以规范管理，从而确保他人对相关知识产权进行合法使用。

二是加强知识产权风险管控。大型文化体育活动的主办方、承办方作为活动相关知识产权保护的第一责任人，加强知识产权风险管控，能够有效降低知识产权侵权行为的发生概率，充分保护活动相关知识产权。

三是规范知识产权运用行为。活动主办方、承办方作为大型文化体育活动相关知识产权的权利人或者独占被许可人，可以制定妥当的知识产权使用、许可、转让、合资入股、质押、证券化等办法或机制，对相关知识产权的运用行为作出科学、经济、合理的安排。

本条与本条例第 12 条、第 28 条、第 29 条的关系。第 12 条从知识产权保护管理部门的行政监督管理角度出发，开展对网络平台、展会、大型文化体育活动等场景的知识产权保护；第 28 条、第 29 条和本条规定则从平台经营者、展会主办方或承办方、大型文化体育活动的主办方或承办方的协同保护、监管和治理角度出发，开展对这些场景的知识产权保护。

相关规则

《“十四五”国家知识产权保护和运用规划》规定要“完善知识产权保护政策。……完善体育赛事节目、综艺节目、网络直播等领域著作权保护制度”。

《关于强化知识产权保护的意见》提出：“完善新业态新领域保护制度。……研究加强体育赛事转播知识产权保护。”

《北京市大型群众性活动安全管理条例》第 17 条规定：“大型活动方案内容应当包括活动的时间、地点、内容、组织方式。大型活动须经有关部门事先批准的，附有关部门的批准文件。”

第三十一条　本市建立知识产权合规承诺制度。单位或者个人参加政府采购、申请政府资金、参评政府奖项等活动，应当以书面形式作出相关产品、服务或者项目不侵犯他人知识产权的承诺。

鼓励市场主体在交易、投资、合作等市场活动中，作出不侵犯他人知识产权的承诺，并约定违反相应承诺的责任。

条文条旨

本条是关于知识产权合规承诺制度的规定。

条文说明

本条明确规定了知识产权合规承诺制度，强调单位或者个人在参加政府采购、申请政府资金、参评政府奖项等活动时负有的承诺不侵犯知识产权义务，并且对市场主体在交易、投资、合作等市场活动中作出不侵犯知识产权承诺提出倡导性指引。

知识产权合规承诺制度是本条例的亮点。知识产权合规承诺是指权利人以外的其他主体作出的遵守知识产权法律法规及监管规定、尊重知识产权、不侵犯他人知识产权的承诺。

本条规定的知识产权合规承诺制度的具体实施分为以下两种情形。

一是要求各类主体在参加政府采购、申请政府资金、参评政府奖项等活动时，作出不侵权承诺。这是告知承诺制度在知识产权领域的具体体现，为参加政府采购、申请政府资金、参评政府奖项等活动的单位或个人确立了不侵犯他人知识产权的申请条件，构建了以信用为导向的申请人自我约束与政府监管并行的知识产权治理机制。其充分发挥了告知承诺制度作为行为规范的助推激励功能，不仅将尊重知识产权保护规则内化于政府行政管理服务活动的全过程，体现了本市对贯彻知识产权强国建设纲要、创新驱动发展战略和优化营商环境的重视，还有助于强化知识产权权利人以外的其他主体对其负有的尊重知识产权、不侵犯知识产权义务的履行。

二是鼓励市场主体在市场活动中作出不侵权承诺。这充分发挥了企业合规建设与告知承诺制度作为新型社会规范的宣导指引功能，将尊重知识产权的意识内化于市场主体市场活动的全过程，成为市场主体社会责任的一部分，确保了知识产权权利人以外的其他主体在知识产权保护方面的协同共治。

知识产权保护不仅需要权利人采取保护与救济措施，法院和知识产权保护管理部门提供司法保护与行政保护，还有赖于权利人以外的其他主体对权利的尊重。本条规定的知识产权合规承诺制度从行为规范和社会治理的角度明确了知识产权权利人以外的其他主体对知识产权负有的尊重、不妨碍和不侵犯等协同保护义务，将知识产权保护工作有机融入政府管理服务活动与市场活动的全过程，强化市场主体的自我约束，有效督促了各类主体对其负有的知识产权协同保护义务的履行。

相关规则

《优化营商环境条例》第 19 条第 2 款中规定，“国家推进‘证照分离’改革，持续精简涉企经营许可事项，依法采取直接取消审批、审批改为备案、实行告知承诺、优化审批服务等方式，对所有涉企经营许可事项进行分类管理，为企业取得营业执照后开展相关经营活动提供便利”。《国务院办公厅关于全面推行证明事项和涉企经营许可事项告知承诺制的指导意见》也明确要深化“证照分离”改革。

第三十二条 行业协会、商会、产业知识产权联盟等组织应当制定知识产权自律公约，加强自律管理，提供知识产权政策研究、宣传培训、人才培养、国际交流、协同创造运营、监测预警、纠纷调处等服务，对实施侵犯知识产权行为的成员进行内部惩戒。

支持版权行业协会利用新技术手段，提供版权数字认证、电子存证、维护管理、交易流转等服务，为市场主体明确权利来源、降低维权成本、提高运用效率提供支持。

条文条旨

本条是关于行业组织知识产权保护、自律服务等的规定。

条文说明

行业知识产权自律管理与服务是知识产权全链条保护的关键环节，是构建“严保护、大保护、快保护、同保护”知识产权保护工作格局的重要内容。

作为指引性规范，本条倡导行业协会、商会、产业知识产权联盟等组织通过制定知识产权自律公约等方式加强自律管理，充分发挥这些组织在知识产权保护方面的自治、自律约束作用，推动知识产权保护的协同共治。前述组织是专业性的行业、商业和产业组织，对相关领域的知识产权创造、运用、保护、管理、服务等状况比较了解。推动上述组织提供知识产权政策研究、宣传培训、人才培养、国际交流、协同创造运营、监测预警、纠纷调处等服务，能够发挥其行业和专业优势，与行政保护、司法保护和社会监督形成协同共振，实现事前、事中、事后“一体保护”，形成政府主导、企业自治、行业自律、社会监督互为支撑的协同保护格局。

需要指出的是，截至目前，本市的知识产权行业协会主要有北京知识产权保护协会、北京市专利代理师协会、北京商标协会、首都版权协会和首都知识产权服务业协会等。

此外，本条第2款还明确了版权行业协会的知识产权创新服务内容，具体包括提供数字认证、电子存证、维护管理、交易流转等服务，其目的是为市场主体明确权利来源、降低维权成本、提高运用效率提供支持。

相关规则

《“十四五”国家知识产权保护和运用规划》规定要坚持强化

保护。加强知识产权全链条保护，统筹推进知识产权审查授权、行政执法、司法保护、仲裁调解、行业自律、公民诚信等工作，构建严保护、大保护、快保护、同保护的工作格局，全面提升保护能力，着力营造公平竞争的市场环境。加强知识产权协同保护，鼓励行业协会、商会建立知识产权保护自律和信息沟通机制。

国家知识产权局办公室关于印发《产业知识产权联盟建设指南》（国知办函管字〔2015〕192号）指出，产业知识产权联盟是以知识产权为纽带、以专利协同运用为基础的产业发展联盟，是由产业内两个以上利益高度关联的市场主体，为维护产业整体利益、为产业创新创业提供专业化知识产权服务而自愿结盟形成的联合体，是基于知识产权资源整合与战略运用的新型产业协同发展组织。

《国家知识产权局办公室关于完善产业知识产权联盟备案管理机制有关事项的通知》（国知办函运字〔2021〕27号）要求，省级知识产权局要与市县加强工作联动，做好联盟业务指导和日常活动管理，防范各类风险，引导联盟健康发展，规范联盟运行，发挥好联盟推动产业知识产权协同运用、提升产业知识产权运营能力的积极作用。

第三十三条 本市建立健全知识产权信用评价和失信惩戒机制，依法对知识产权领域严重违法失信行为实施相应管理和惩戒措施。知识产权保护管理部门应当依法将有关行政处罚等信息，共享到本市公共信用信息服务平台，并向社会公布。

条文条旨

本条是关于知识产权信用评价和失信惩戒机制的规定。

条文说明

2020年11月，习近平总书记在中共中央政治局第二十五次集体学习讲话时明确指出："要鼓励建立知识产权保护自律机制，推动诚信体系建设。"

本条明确了知识产权信用评价和失信惩戒机制的内容，规定了对知识产权领域的严重违法失信行为要依法实施相应的管理和惩戒措施，以及知识产权保护管理部门为确保信用评价和失信惩戒机制的运行而负有的共享和公开有关行政处罚等信息的职责。

知识产权信用评价和失信惩戒机制是知识产权领域的信用管理制度，是对知识产权领域的失信行为、严重违法失信行为强化管理和惩戒的重要抓手，是国家诚信建设的重要组成部分。因此，需要在知识产权领域强化信用监管，扩大社会监督，促进诚信自律。

知识产权信用评价和失信惩戒机制作为守信激励和失信惩戒机制，具有正向激励和反向威慑的双重功能，能够在知识产权全链条和全周期过程中褒扬诚信、惩戒失信。运用信用激励和约束手段，加大对诚信主体激励和对严重失信主体惩戒力度，让守信者受益、失信者受限。

此外，在实现知识产权治理的部门联动和社会协同的过程中，通过信用信息共享和公开，建立跨地区、跨部门、跨领域的联合激励与惩戒机制，能够形成政府部门协同联动、行业组织自律管理、信用服务机构积极参与、社会舆论广泛监督的知识产权协同治理格局。

根据《国务院办公厅关于进一步完善失信约束制度构建诚信建设长效机制的指导意见》（国办发〔2020〕49号）的规定，建立健全知识产权信用评价和失信惩戒机制，应当遵循依法依规、保护权益、审慎适度、清单管理的总体思路，规范和健全失信行为认定、记录、归集、共享、公开、惩戒和信用修复等机制，更好发挥社会信用体系在支撑“放管服”改革和政府职能转变、营造公平诚信的市场环境和社会环境等方面的积极作用。坚持遵循法治轨道，着力构建诚信建设长效机制，推动社会信用体系迈入高质量发展的新阶段。

2021年9月1日，《市场监督管理严重违法失信名单管理办法》（国家市场监督管理总局令第44号）施行，明确了知识产权领域严重违法失信行为。同时，知识产权信用评价和联合惩戒机制是《“十三五”国家知识产权保护和运用规划》（国发〔2016〕86号）部署的“知识产权保护工程”的重要内容，规划将这一机制从《国家知识产权战略纲要》（国发〔2008〕18号）规定的仅适用于知识产权中介服务管理的诚信管理制度，扩大为适用于知识产权创造、运用、保护、管理、服务全链条活动的诚信管理制度。根据《“十三五”国家知识产权保护和运用规划》的安排，要“推进知识产权领域信用体系建设。推进侵权纠纷案件信息公示工作，严格执行公示标准。将故意侵权行为纳入社会信用评价体系，明确专利侵权等信用信息的采集规则和使用方式，向征信机构公开相关信息。积极推动建立知识产权领域信用联合惩戒机制”。

因此，根据《知识产权强国建设纲要（2021—2035年）》《关于强化知识产权保护的意见》的要求，立足本市知识产权保护的实际情况，本条例建立健全知识产权信用评价和失信惩戒机制，依法对知识产权领域的严重违法失信行为实施相应的管理和惩戒措施，并明确规定知识产权行政管理部门承担对有关行政处罚等信息的共享和公布的责任。另外，2021 年 12 月，国家发展改革委、中国人民银行印发《全国公共信用信息基础目录（2021 年版）》和《全国失信惩戒措施基础清单（2021 年版）》，明确将知识产权列入公共信用信息归集的重点领域。由此，本条例进一步规定，共享和公布知识产权有关行政处罚等信息的职责主体为本市知识产权保护管理部门。在地方事权范围内，本市知识产权行政管理部门应当推进知识产权领域信用信息共享平台建设，归集本市知识产权保护管理部门报送的信用信息，并依法依规予以共享及公示。

相关规则

《知识产权强国建设纲要（2021—2035 年）》要求，健全知识产权信用监管体系，加强知识产权信用监管机制和平台建设，依法依规对知识产权领域严重失信行为实施惩戒。

《中华人民共和国国民经济和社会发展第十四个五年规划和 2035 年远景目标纲要》要求，建立健全信用法律法规和标准体系，制定公共信用信息目录和失信惩戒措施清单，完善失信主体信用修复机制。推广信用承诺制度。加强信用信息归集、共享、公开和应用，推广惠民便企信用产品与服务。建立公共信用信息和金融信息的共享整合机制。培育具有国际竞争力的企业征信机构和信用评级机构，加强征信监管，推动信用服务市场健康发展。加强信用信息安全管理，保障信用主体合法权益。建立健全政府失信责任追究制度。健全以“双随机、一公开”监管和“互联网 + 监管”为基本手段、以重点监管为补充、以信用监管为基础的新型监管机制，推进线上线下一体化监管。

国家知识产权局发布的《国家知识产权局知识产权信用管理规定》（国知发保字〔2022〕8号）第2条规定："本规定适用于国家知识产权局在履行法定职责、提供公共服务过程中开展信用承诺、信用评价、守信激励、失信惩戒、信用修复等工作。"第3条规定："国家知识产权局知识产权信用管理工作坚持依法行政、协同共治、过惩相当、保护权益原则，着力推动信用管理长效机制建设。"

《国家知识产权局关于进一步严格规范专利申请行为的通知》（国知发保字〔2021〕1号）要求加强专利申请领域信用监管。修改专利法实施细则，依法推动将该类申请行为作为失信行为纳入知识产权信用监管。各级知识产权部门在制定知识产权信用监管政策文件时，应着重考虑将该类申请行为纳入监管范围。加强对严重违法失信代理机构的协同治理，对因代理该类申请受到处罚的专利代理机构，在有关激励奖励政策、行业评优评奖等方面予以联动约束，强化监管效果。

《国家知识产权局关于持续严格规范专利申请行为的通知》（国知发保字〔2022〕7号）要求加强专利申请领域信用监管。推动修订专利法实施细则等相关法律法规和规章，为依法有效打击非正常申请行为、加强知识产权信用监管提供有力法治保障。落实《市场监督管理严重违法失信名单管理办法》及有关政策文件，将提交非正常专利和从事违法专利代理行为，依法依规列为失信行为，予以管理及公示。

《市场监督管理严重违法失信名单管理办法》（国家市场监督管理总局令第44号）第2条规定："当事人违反法律、行政法规，性质恶劣、情节严重、社会危害较大，受到市场监督管理部门较重行政处罚的，由市场监督管理部门依照本办法规定列入严重违法失信名单，通过国家企业信用信息公示系统公示，并实施相应管理措施。前款所称较重行政处罚包括：（一）依照行政处罚裁量基准，按照从重处罚原则处以罚款；（二）降低资质等级，吊销许可证件、营业执照；（三）限制开展生产经营活动、责令停产停业、责令关闭、限制从业；（四）法律、行政法规和部门规章规定的其他较重行政处罚。”第 3 条规定：“国家市场监督管理总局负责组织、指导全国的严重违法失信名单管理工作。县级以上地方市场监督管理部门依照本办法规定负责严重违法失信名单管理工作。”第 4 条规定：“市场监督管理部门应当按照规定将严重违法失信名单信息与其他有关部门共享，依照法律、行政法规和党中央、国务院政策文件实施联合惩戒。”

第三十四条　企业事业单位、社会组织不依法履行知识产权保护义务，造成不良影响的，知识产权保护管理部门可以对其法定代表人或者主要负责人进行约谈，督促整改。

条文条旨

本条是关于知识产权保护行政约谈机制的规定。

条文说明

本条明确了知识产权保护行政约谈机制，规定了约谈的对象、实施主体、启动条件等内容。本条是《条例》的重要创新点。

行政约谈在我国最早出现在税收征管领域，随后广泛应用于环境保护、土地管理、价格管理、市场监管、消费者权益保护等行政管理领域。[①] 广义的行政约谈，是指行政管理机关对其下级行政机关或者行政相对人采取谈话、听取意见、普法教育、提供信息、违法预警等方式，对后者组织管理或者行为活动中出现的问题予以规范纠正或加以预防的行为，它包括内部行政约谈和外部行政约谈。[②] 而狭义的行政约谈仅指外部行政约谈，是指行政机关为厘清真相并形成确信，预防可能发生的违法行为或纠正业已发生的违法行为，约请相对人到场并通过法规宣导、诫勉谈话、警示教育、说明建议、协商谈判等方式以获得相对人协力的行政事实行为。

本条规定的知识产权保护行政约谈，指的是知识产权领域的外部行政约谈，是知识产权保护管理部门对不履行法定知识产权保护义务的企业事业单位、社会组织的警示和告诫，目的是提醒其履行法定知识产权保护义务，督促其采取整改措施。对于拒不整改或整改不到位的，知识产权保护管理部门有权依法对相关企业事业单位、社会组织予以处理。

知识产权保护行政约谈的对象，是不依法履行知识产权保护义务的企业事业单位和社会组织。约谈的实施主体是市知识产权保护管理部门。约谈的启动条件是企业事业单位和社会组织不依法履行法律规定的知识产权保护义务，并且造成一定不良社会影响，但违法情节显著轻微、尚不构成行政处罚的情形。约谈的方式包括法规宣导、诫勉谈话、警示教育、说明建议、协商谈判等。

行政约谈作为一种执法管理方式，其适用范围扩展至知识产权保护领域，既顺应了当代经济发展趋势，又体现了国家对知识

---

① 参见孟强龙：《行政约谈法治化研究》，载《行政法学研究》2015 年第 6 期；张忠：《论行政约谈的法律意蕴与救济》，载《河南财经政法大学学报》2016 年第 6 期。

② 参见孟强龙：《行政约谈法治化研究》，载《行政法学研究》2015 年第 6 期。

产权保护的重视。知识产权保护行政约谈是传统行政执法以外的柔性行政管理行为，在知识产权保护管理部门与行政相对人之间建立了一种常态化的沟通协商与警示告诫机制，有利于传导知识产权保护压力，确保知识产权保护相关法律法规的贯彻落实。

相关规则

《商务部、工业和信息化部、公安部、人民银行、海关总署、工商总局、质检总局、新闻出版总署（版权局）、知识产权局关于进一步推进网络购物领域打击侵犯知识产权和制售假冒伪劣商品行动的通知》（商商贸发〔2011〕119号）第2项中指出，对侵犯知识产权情节严重的网络购物平台，商务、工商、通信、新闻出版（版权）等部门要依法采取约谈、警告、限期整改等多种方式督促其健康规范发展，限期整改不到位且情节严重的要依法从严处理，直至停止其网站接入服务和域名解析服务。

《规范商标申请注册行为若干规定》（国家市场监督管理总局令第17号）第15条规定："对违反本规定第四条的商标代理机构，由知识产权管理部门对其负责人进行整改约谈。"[①] 此外，各知识产权保护管理部门相继对以下相对人进行约谈并督促整改：①打击网络侵权盗版"剑网"行动中的问题网站负责人；[②] ②国有

---

① 《规范商标申请注册行为若干规定》第4条规定："商标代理机构应当遵循诚实信用原则。知道或者应当知道委托人申请商标注册属于下列情形之一的，不得接受其委托：（一）属于商标法第四条规定的不以使用为目的恶意申请商标注册的；（二）属于商标法第十五条规定的；（三）属于商标法第三十二条规定的。商标代理机构除对其代理服务申请商标注册外，不得申请注册其他商标，不得以不正当手段扰乱商标代理市场秩序。"

② 参见《国家版权局、国家互联网信息办公室、工业和信息化部、公安部关于开展打击网络侵权盗版"剑网2014"专项行动的通知》，2013年6月11日发布；《国家版权局、国家互联网信息办公室、工业和信息化部、公安部关于印发〈2013年打击网络侵权盗版专项治理"剑网行动"实施方案〉的通知》，2013年6月19日发布。

企业软件正版化工作中的国有企业;[①] ③近三年内受过专利代理行政处罚、列入专利代理机构经营异常名录或严重违法失信名录的专利代理机构主要负责人和直接负责人;[②] ④存在不良经营行为的知识产权交易网络平台;[③] ⑤从事不以保护创新为目的的非正常专利申请代理行为的专利代理机构、从事恶意商标申请代理行为的商标代理机构、从事不规范经营行为的平台型知识产权服务机构;[④] ⑥从事恶意商标抢注该不规范经营行为的平台型知识产权服务机构;[⑤] ⑦从事套取补贴知识产权运营资金、编造虚假交易等违法违规行为的责任单位。[⑥]

---

① 参见国务院知识产权战略实施工作部际联席会议办公室《2016 年深入实施国家知识产权战略加快建设知识产权强国推进计划》，2016 年 6 月发布。

② 参见《国家知识产权局办公室印发〈关于加强专利代理监管的工作方案〉的通知》，国知办发运字〔2019〕13 号，2019 年 4 月 22 日发布。

③ 参见《国家知识产权局办公室关于深化“蓝天”行动　促进知识产权服务业健康发展的通知》，国知办发运字〔2020〕17 号，2020 年 5 月 7 日发布。

④ 参见《国家知识产权局关于深入开展“蓝天”专项整治行动的通知》，国知发运函字〔2021〕32 号，2021 年 3 月 11 日发布。

⑤ 参见《国家知识产权局关于印发〈打击商标恶意抢注行为专项行动方案〉的通知》，国知发办函字〔2021〕35 号，2021 年 3 月 15 日发布。

⑥ 参见《国家知识产权局关于促进和规范知识产权运营工作的通知》，国知发运字〔2021〕22 号，2021 年 7 月 27 日发布。

第四章 促进与服务

第三十五条 本市建立专利导航制度，对重点行业、领域的专利信息开展分析，为宏观决策、产业规划、企业经营和创新活动提供指引。

发展改革、科技、经济和信息化等部门应当会同知识产权部门完善专利导航机制，开展专利导航，定期发布专利导航成果，组建专利导航项目成果数据库；鼓励企业、高等院校、科研机构等自行或者委托专业服务机构开展专利导航，为研究开发、生产经营、人才管理等提供依据和支撑。

市知识产权部门应当引导、支持公益性专利导航工具类产品的开发，组织开展专利导航培训。

条文条旨

本条是关于专利导航产业创新发展机制的规定。

条文说明

2013 年 4 月，国家知识产权局发布《国家知识产权局关于实施专利导航试点工程的通知》（国知发管字〔2013〕27 号），首次正式提出专利导航是以专利信息资源利用和专利分析为基础，把专利运用嵌入产业技术创新、产品创新、组织创新和商业模式创新，引导和支撑产业科学发展的探索性工作。其主要目的是探索建立专利信息分析与产业运行决策深度融合、专利创造与产业创新能力高度匹配、专利布局对产业竞争地位保障有力、专利价值实现对产业运行效益支撑有效的工作机制，推动重点产业的专利协同运用，培育形成专利导航产业发展新模式。2020 年 1 月，《国务院办公厅关于推广第三批支持创新相关改革举措的通知》（国办发〔2020〕3 号）提出将“以产业数据、专利数据为基础的新兴产业专利导航决策机制”作为第三批支持创新改革举措，由国家发展改革委、科技部和国家知识产权局共同向全国指导推广。2021 年 6 月 1 日，由国家知识产权局组织起草的《专利导航指南》（GB/T 39551—2020）系列推荐性国家标准正式实施。

本市专利导航工作积累了一定经验。一是建设国家专利导航产业发展实验区。本市中关村科技园区、中关村丰台科技园区被国家知识产权局认定为国家专利导航产业发展实验区。在国家知识产权局指导下，北京市知识产权局联合中关村科技园区管理委员会、丰台区人民政府开展实验区建设工作。其中，中关村科技园区聚焦移动互联网产业，制定专利导航实验区总体建设方案，绘制专利导航工程规划架构图；丰台区聚焦轨道交通光机电产业开展专利导航工作。二是实施重点产业专利导航。市知识产权局面向传感器、科幻产业、Risk－V 等重点产业和人工智能、5G 技术、智能装备、集成电路、软件和信息服务、疫情防控相关技术领域、区块链、网络视频、自动驾驶、网络安全和量子信息技术、虚拟现实技术、高端通用芯片和数字医疗等 14 个细分产业领域开展专利导航分析，形成专利导航报告，提出重点产业知识产权发展路径建议。三是开展企业微导航。市知识产权局依托北京市知识产权保护中心建立专利导航服务基地，在围绕 14 个细分产业领域开展专利导航分析项目的基础上，要求每个领域选取不少于 5 家重点企业进行专利微导航分析，为90余家企业提供微导航服务，为重点企业知识产权发展提供参考。2022年12月，北京市知识产权保护中心入选首批国家级专利导航服务基地。四是推广《专利导航指南》系列国家标准。市知识产权局利用北京市知识产权试点示范单位培训等多种形式推广产业规划专利导航项目组织实施方式、成果运用方法，指导企业事业单位在企业经营、研发活动、人才管理等创新活动中应用国家标准。

因此，根据本市专利导航工作的实施情况，本条进一步明确专利导航工作实施机制。

一是规定了本市建立实施专利导航机制的责任主体是本市发展改革、科技、经济和信息化等部门。要求本市发展改革、科技、经济和信息化等部门应当会同知识产权部门，对本市重点行业、领域开展专利导航分析。在开展专利分析的基础上，由责任部门会同知识产权部门共同推动建立专利导航项目成果数据库，健全定期发布专利导航成果的机制，为宏观决策、产业规划、企业经营和创新活动提供指引。

二是鼓励企业、高等院校、科研机构等自行或者委托专业服务机构结合自身的科研目标、市场经营等开展专利导航，为研究开发、生产经营、人才管理等提供依据和支撑。

相关规则

《知识产权强国建设纲要（2021—2035年）》指出，积极发挥专利导航在区域发展、政府投资的重大经济科技项目中的作用，大力推动专利导航在传统优势产业、战略性新兴产业、未来产业发展中的应用。

《“十四五”国家知识产权保护和运用规划》指出，围绕关键核心技术联合攻关加强专利布局和运用。引导建立产业专利导航决策机制，优化战略性新兴产业发展模式，增强产业集群创新引领力。

国务院办公厅发布的《知识产权综合管理改革试点总体方案》（国办发〔2016〕106 号）规定，建立健全知识产权评议、专利导航机制，完善知识产权风险预警体系，提升区域创新发展决策水平。

《国家知识产权局关于加快建设知识产权强市的指导意见》（国知发管字〔2016〕86 号）规定，建立专利导航城市创新发展决策机制。开展专利导航城市创新发展质量评价工作，优化知识产权区域布局，提升区域创新发展层次。以专利数据为信息获取主体，综合运用专利信息分析和市场价值分析手段，结合经济数据的分析和挖掘，准确把握知识产权在城市创新发展中的引领支撑作用，厘清知识产权资源与创新资源、产业资源、经济资源的匹配关系，通过专利导航促进创新链、产业链、资金链、政策链深度融合，逐步建立以专利导航支撑行政决策的创新决策机制，提高城市创新宏观管理能力和资源配置效率。

第三十六条 支持企业、高等院校、科研机构等成立产业知识产权联盟，构建专利池，提高专利创造、运用、保护和管理的能力。

条文条旨

本条是关于产业知识产权联盟的规定。

条文说明

关于产业知识产权联盟。根据 2015 年国家知识产权局制定的

《产业知识产权建设联盟指南》的相关规定：产业知识产权联盟是以知识产权为纽带、以专利协同运用为基础的产业发展联盟，是由产业内两个以上利益高度关联的市场主体，为维护产业整体利益、为产业创新创业提供专业化知识产权服务而自愿结盟形成的联合体，是基于知识产权资源整合与战略运用的新型产业协同发展组织。产业知识产权联盟的出现，标志着产业知识产权竞争领域的一个重要转变，即从单个知识产权为特征的战术竞争转向以知识产权组合为特征的战略竞争。从竞争的性质来看，产业知识产权联盟既可以是进攻性的，也可以是防御性的。

产业知识产权联盟的主要任务包含以下几项内容。

一是加强产业关键领域知识产权运营。建立订单式知识产权研发体系。在产业关键领域，推动相关高校院所、科研机构和产业上下游企业的联系与合作，建立创新前端充分对接、过程紧密结合、后续知识产权保护的产学研合作机制。以市场为导向、以知识产权运营为目的，推动建立“产、学、研、金、介、用”深度融合的产业核心知识产权研发体系，积极构建专利组合。

二是构筑和运营产业专利池。根据产业发展需要，面向核心技术和产品联合进行多类别、多地域、多层级、多用途的知识产权布局，全面覆盖和有效保护产业创新成果和成员单位合法权益。按照“自愿参与、互利共赢”的方针，围绕产业链上下游核心技术和产品，构建若干个集中许可授权的专利池，形成专利池之间相互支撑的专利集群，分别制定合理的许可政策并开展商业运营，支撑联盟成员与产业共同发展。组建知识产权运营机构，通过专利的转让、股权化、资本化等方式提升知识产权资产收益。

三是推进知识产权与标准的融合。根据产业发展和市场竞争需要，制定标准制修订计划，积极参与和主导国家及行业技术标准制修订工作，推动建立标准制定和专利池构建的良性互动机制。联合开展定向化、系统化的知识产权前瞻布局，制定并推行产业核心产品与关键技术相关标准，推动相关必要专利纳入产品和技术标准，形成知识产权与技术标准的有效衔接和捆绑运用，促进知识产权、标准与市场活动的紧密融合。

四是共同防御知识产权风险。建立产业知识产权侵权监控机制，对主要竞争对手知识产权布局情况进行有针对性的跟踪分析，预判知识产权风险和威胁。建立产业知识产权风险应对机制，主动采取知识产权联合布局、防御性知识产权收购、知识产权许可谈判和启动专利权无效程序等多种形式，共同应对可能发生的产业重大知识产权纠纷与争端，增强风险防范和处置能力，保障产业发展安全。

关于专利池（Patent Pool）。[①] 专利池是专利的集合。专利池最初产生于美国，后来随着实践的发展，被世界各国所采用。美国专利商标局将专利池定义为“两个或两个以上的专利所有人之间将其一个或多个专利许可给一方或第三方的协议”。日本《标准化和专利池安排指南》中的定义为：专利池是一种组织，多个专利权人授权该组织向用户发放其专利许可，并且用户从该组织获得必需的各种许可。欧盟对专利池没有进行过专门的定义，但有个类似的概念，即“技术池”，是指两个或多个成员通过一种安排将一些技术打包集合起来，向“池”中成员或者第三方进行技术许可。

专利池的存在，有利于消除专利实施中的授权障碍，促进专利技术的推广应用；减少专利纠纷，降低诉讼成本；降低交易经

---

① 此部分内容参见李岩、陈燕、孙全亮：《构建我国企业专利池的策略及运作模式研究》，载《知识产权》2013 年第 10 期。

营成本，增加企业专利使用许可费收入；促进企业自主研发与技术创新，开拓国际市场，保护国内市场。专利池利用不当也可能产生消极影响，会导致市场垄断，阻碍市场的有效竞争，并且专利权人可能会利用专利池来规避无效专利的诉讼风险。我国专利池的发展还处于萌芽期，影响较大的有闪联、AVS 和中彩联等专利池。与外国专利池相比，国内专利池成立时间短，入池专利少，且大部分集中在电子信息产业。

相关规则

《“十四五”国家知识产权保护和运用规划》指出，推动在数字经济、智能制造、生命健康、新材料等领域组建产业知识产权联盟，构筑产业专利池。

《产业知识产权联盟建设指南》指出，产业知识产权联盟是以知识产权为纽带、以专利协同运用为基础的产业发展联盟，是由产业内两个以上利益高度关联的市场主体，为维护产业整体利益、为产业创新创业提供专业化知识产权服务而自愿结盟形成的联合体，是基于知识产权资源整合与战略运用的新型产业协同发展组织。

第三十七条　支持版权产业发展，建立数字出版精品库。鼓励新闻出版广播影视等方面的企业开展版权资产管理和运营，形成全产业链的开发经营模式，提升内容生产原创活力和转化质量。

条文条旨

本条是关于促进版权产业高质量发展的规定。

条文说明

版权是知识产权的组成部分，版权产业是文化的基础资源、创新的重要体现和国民经济的支柱产业，它们在加快构建新发展格局以及建设创新型国家和文化强国、知识产权强国进程中的地位越来越重要、作用越来越显著。同时，版权作为国家综合实力的重要指标已成为国际竞争的核心要素。基于此，本条规定本市支持版权产业发展，建立数字出版精品库，鼓励企业开展版权资产管理和运营。

本条所指版权产业，又称版权相关产业，多指与文化、艺术和科技领域内的智力成果版权权利相关的活动。世界知识产权组织编写的《版权产业经济贡献调研指南（2015 年修订版）》中对版权产业的相关概念进行了明确界定，认为版权产业是指版权及相关权利能够充分发挥基础作用的产业活动集合。中国国家版权局认定版权相关产业是指全部或部分活动与版权法保护的作品或其他受版权法保护的客体相关的产业，主要包括创作、制作、表演、广播、传播与展览或者发行和销售等活动。

企业版权资产管理与运营也是版权产业发展的重要一环。根据 2018 年原国家新闻出版广电总局改革办公室制定的《新闻出版广播影视企业版权资产管理工作指引（试行）》的相关规定，版权资产是指企业所拥有或控制的，能够对企业持续发挥作用并且能带来预期经济利益的著作权的财产权益和与著作权有关权利的财产权益。版权资产管理，是指将版权资产纳入企业核心管理范畴，通过策划、实施、检查、改进对版权资产进行组织、协调、配置，促进其保值增值的管理过程。

企业版权资产管理的内容包括：明确内部责任，建立组织机构；改善业务操作流程；建立管理制度；资产清查和编制台账；

业务执行和监督；绩效评审和持续改进。条件允许的企业，可结合运用信息化管理工具、外部管理评价等提升版权资产管理效能。

相关规则

《知识产权强国建设纲要（2021—2035 年）》指出："健全版权交易和服务平台，加强作品资产评估、登记认证、质押融资等服务。开展国家版权创新发展建设试点工作。打造全国版权展会授权交易体系。"

《"十四五"国家知识产权保护和运用规划》指出："实施版权创新发展工程，打造版权产业集群，强化版权发展技术支撑。"

《市知识产权局等单位关于深入实施首都知识产权战略行动计划（2015—2020 年）》规定："加强版权运用体系建设。加强版权贸易基地建设，依托北京国际版权交易中心、人民大学国家版权贸易基地等重点项目，推动版权价值评估、融资等问题研究，畅通版权输出渠道。拓展版权利用方式，完善版权质押、作品登记和转让合同备案等制度，降低版权交易成本和风险。发挥版权联盟、行业协会、代理机构等在促进版权市场化过程中的作用。加快推进北京文化产权交易中心建设，搭建综合性文化产权交易平台。"

第三十八条　知识产权部门会同商务等部门组织实施商标品牌战略工程，评估商标发展状况，引导市场主体培育商标品牌。

知识产权部门会同相关主管部门指导相关组织、企业完善技术标准、检验检测和质量体系，支持其申请地理标志产品保护，并通过注册证明商标、集体商标等方式保护地理标志。

条文条旨

本条是关于促进商标品牌战略和地理标志保护的规定。

条文说明

关于商标品牌战略。商标品牌战略是新形势下知识产权创造战略的重要组成部分，也是对商标战略的深化和发展。高价值、高质量商标品牌培育，是贯彻落实创新驱动发展战略的必然选择，是推动中国制造向中国创造转变、建设商标品牌强国的迫切要求，是引领供需结构升级的重要举措，也是营造良好的营商环境、促进区域品牌经济持续发展的关键。实施商标品牌战略在首都经济发展方式转变、产业转型升级和供给侧结构性改革中具有重要作用。《“十四五”国家知识产权保护和运用规划》部署实施商标品牌战略，并设置“商标品牌建设工程”专栏，提出“引导行业协会、高校、科研机构等服务商标品牌发展，对品牌质量进行研究、评价、监测”。

本市高度重视发挥商标战略在首都经济高质量发展中的重要作用，不断提升本市企业自主品牌影响力和竞争力。2021 年 9 月，为深化实施商标品牌战略，加强本市商标品牌指导站建设，提升本市商标品牌市场价值和社会效益，支撑首都经济高质量发展，北京市知识产权局印发《北京市商标品牌指导站管理办法（试行)》，对本市商标品牌指导站的日常运行、业务指导、工作职责、申报条件等进行界定。2021 年 11 月北京市知识产权局印发《北京市商标品牌发展行动计划》。该计划分为总体要求、重点任务和保障措施三大部分，旨在以商标注册便利化改革为契机，构建“企业自主、市场主导、政府推动、社会共治”的商标品牌发展机制，推进商标品牌有效运用和全环节保护，持续优化营商环境，进一步提高北京企业自主创新能力和区域经济核心竞争力，助力企业商标品牌“走出去”，有力提升商标品牌国际影响力和竞争力，促进首都经济高质量发展，助力加快首善之区建设。

因此，本条第 1 款规定旨在落实国家规划要求，固化本市前期工作经验，明确规定市、区知识产权部门要会同商务等部门组织实施商标品牌战略工程，并对本市商标发展状况开展必要的评估，面向市场主体，引导其加强商标品牌的培育，支持鼓励其制定符合自身发展特点的商标品牌战略。

关于地理标志保护。地理标志是重要的知识产权，是促进区域特色经济发展的有效载体，是推进乡村振兴的有力支撑，是推动外贸外交的重要领域，是保护和传承传统优秀文化的鲜活载体，也是企业参与市场竞争的重要资源。《与贸易有关的知识产权协定》将地理标志与商标、专利、版权并列作为一项独立的知识产权进行保护。我国 2001 年修正后的《商标法》也增设了地理标志方面的规定，明确“地理标志，是指标示某商品来源于某地区，该商品的特定质量、信誉或者其他特征，主要由该地区的自然因素或者人为因素所决定的标志”。

近年来，地理标志作为新型知识产权类型受到了国家的高度重视。2022 年 1 月，国家知识产权局发布《地理标志保护和运用“十四五”规划》（国知发保字第〔2021〕37 号），这是首部地理标志专门规划。该规划明确了“十四五”时期地理标志保护和运用工作的指导思想、发展目标、主要任务和保障措施，对未来五年的地理标志保护和运用工作进行了全面部署。本市作为历史文化名城，拥有悠久的历史和深厚的文化积淀，地理标志资源丰富。本市大兴、房山、密云、昌平、平谷等区级政府就先后发布相关地理标志产品保护管理办法，加强本市地理标志资源保护。

从我国现行法律制度来看，地理标志保护主要有两种方式：一是申请地理标志产品予以保护；二是通过注册集体商标或者证明商标进行保护。其中，第一种保护方式，主要是按照我国《地理标志产品保护规定》予以申请和管理。《地理标志产品保护规定》明确："地理标志产品，是指产自特定地域，所具有的质量、声誉或其他特性本质上取决于该产地的自然因素和人文因素，经审核批准以地理名称进行命名的产品。地理标志产品包括：（一）来自本地区的种植、养殖产品；（二）原材料全部来自本地区或部分来自其他地区，并在本地区按照特定工艺生产和加工的产品。"2020年4月3日，国家知识产权局发布《地理标志专用标志使用管理办法（试行）》，目的是加强我国地理标志保护，统一和规范地理标志专用标志的使用。

第二种保护方式，主要是根据《商标法》和《集体商标、证明商标注册和管理办法》的相关规定予以注册和管理。根据《商标法》的规定，集体商标是指以团体、协会或者其他组织名义注册，供该组织成员在商事活动中使用，以表明使用者在该组织中的成员资格的标志；证明商标是指由对某种商品或者服务具有监督能力的组织所控制，而由该组织以外的单位或者个人使用于其商品或者服务，用以证明该商品或者服务的原产地、原料、制造方法、质量或者其他特定品质的标志。《集体商标、证明商标注册和管理办法》则对地理标志注册集体商标或者证明商标进行了特别规定，明确要求："申请以地理标志作为集体商标、证明商标注册的，还应当附送管辖该地理标志所标示地区的人民政府或者行业主管部门的批准文件。"

因此，本条第2款按照上述两种方式对相关部门推动地理标志保护予以明确规定，要求市、区知识产权部门会同相关主管部门指导相关组织、企业完善技术标准、检验检测和质量体系，支持其申请地理标志产品保护，并通过注册证明商标、集体商标等方式保护地理标志。

相关规则

《知识产权强国建设纲要（2021—2035年）》指出，推进商标品牌建设，加强驰名商标保护，发展传承好传统品牌和老字号，大力培育具有国际影响力的知名商标品牌。发挥集体商标、证明商标制度作用，打造特色鲜明、竞争力强、市场信誉好的产业集群品牌和区域品牌。

《“十四五”国家知识产权保护和运用规划》指出，实施商标品牌战略，加强驰名商标保护，提升品牌国际影响力。

第三十九条　本市建立重大经济科技活动知识产权分析评议制度。发展改革、经济和信息化、科技、商务等部门应当会同知识产权部门，对政府投资的重大经济科技项目组织开展知识产权综合分析与评估，防范和化解知识产权风险。

条文条旨

本条是关于本市重大经济科技活动知识产权分析评议工作的规定。

条文说明

本条是关于本市重大经济科技活动知识产权分析评议制度的规定，在《北京市专利保护和促进条例》的基础上进一步健全了知识产权评议的组织主体、实施机制等内容。

知识产权分析评议是指综合运用情报分析手段，对经济科技活动所涉及的知识产权，尤其是与技术相关的专利等知识产权的竞争态势进行综合分析，对活动中的知识产权风险、知识产权资产的品质价值及处置方式的合理性、技术创新的可行性等进行评估、评价、核查与论证，根据问题提出对策建议，为政府和企业事业单位开展经济科技活动提供咨询参考。

知识产权分析评议，在适用范围上，包括公共管理活动和工商管理活动；在内容上，主要包括法律类分析模块、技术类分析模块和市场类分析模块。实施方应根据经济科技活动的适用活动特点和具体要求，选择组配具体分析模块开展分析评议工作。

知识产权分析评议的具体实施工作一般由具备分析评议能力的专业服务机构或企业事业单位内部的专门团队承担。其中，承担分析评议任务的专业服务机构应当组建分析评议实施团队，根据需要亦可要求委托方或应用方派驻专家进入实施团队。实施团队应能够检索世界知识产权组织规定的专利合作协定（PCT）最低文献量和主要国家知识产权法律状态信息，获取相关产业的市场竞争信息，拥有了解技术及产业现状、精通知识产权和相关外语的各类分析评议人员。

相关规则

国务院办公厅发布的《促进科技成果转移转化行动方案》（国办发〔2016〕28 号）规定：“开展重大科技经济活动知识产权分析评议，为战略规划、政策制定、项目确立等提供依据。”

《国务院关于新形势下加快知识产权强国建设的若干意见》（国发〔2015〕71 号）规定：“推动企业建立知识产权分析评议机制，重点针对人才引进、国际参展、产品和技术进出口等活动开展知识产权风险评估，提高企业应对知识产权国际纠纷能力。”

《北京市专利保护和促进条例》（2021 年修正）第 23 条规定：

“本市鼓励企业、科研院所、高等院校制定专利战略，加强科学技术的研究开发和专利创造、运用、保护、管理工作；鼓励个人发明创造，申请专利。”第26条规定：“本市建立重大经济活动专利评议制度，对使用大额政府财政资金、涉及国有资产数额较大或者对经济社会发展有重大影响的经济活动进行专利评估和审议，防范专利纠纷隐患和市场风险，避免低水平重复研究，为政府科学决策提供依据。具体评议办法由市人民政府规定。”

第四十条 支持企业、高等院校、科研机构加强知识产权管理机构建设，建立健全覆盖全类型、全流程的知识产权管理制度，促进知识产权与科技创新、成果转化、产业发展的融合。

条文条旨

本条是关于企业、高等院校、科研机构加强知识产权管理体系建设的规定。

条文说明

知识产权工作具有链条性，其中创造是源头、运用是目的、管理是关键、保护是核心。加强各类创新主体的知识产权管理体系建设，是加快创新型国家建设、促进知识产权价值实现、落实知识产权严格保护的关键举措，是建设知识产权强国的必然要求。《知识产权强国建设纲要（2021—2035年）》明确要求：“推动企业、高校、科研机构健全知识产权管理体系，鼓励高校、科研机构建立专业化知识产权转移转化机构。”

本条明确了支持和引导企业、高等院校、科研机构加强知识产权管理体系建设的要求，具体包含以下几个方面工作内容。

一是加强专门知识产权管理机构建设。本条规定所称的“知识产权管理机构”，是指内部的技术转移机构和服务于企业、高等院校、科研机构的外部中介机构。支持和引导有条件的企业、高等院校、科研机构建立内部的技术转移机构；发展外部中介机构，支持企业、高等院校、科研机构建立合作机制。企业、高等院校、科研机构可成立知识产权管理与运营领导小组或科技成果转移转化领导小组，统筹科研、知识产权、国资、人事、成果转移转化及图书馆等有关机构，积极贯彻执行《高等学校知识产权管理规范》（GB/T 33251—2016）、《科研组织知识产权管理规范》（GB/T 33250—2016）、《企业知识产权管理规范》（GB/T 29490—2013）等国家标准。

二是加强知识产权全类型、全流程管理。全类型、全流程知识产权管理是指建立全员参与，全职能部门紧密配合，涉及知识产权全类型，覆盖知识产权创造、运用、保护、管理和服务全业务流程的知识产权管理制度。高等院校、科研机构应将知识产权管理体现在项目的选题、立项、实施、结题、成果转移转化等各个环节，企业应将知识产权管理体现在生产经营的各个环节。围绕国家科技创新的重大项目、重点研发计划等，探索建立健全专利导航工作机制。项目立项前，进行专利信息、文献情报分析，开展知识产权风险评估，确定研究技术路线，提高研发起点；项目实施过程中，跟踪项目研究领域工作动态，适时调整研究方向和技术路线，及时评估研究成果并形成知识产权；项目验收前，要以转化应用为导向，做好专利布局、技术秘密保护等工作，形成项目成果知识产权清单；项目结题后，加强专利运用实施，促进成果转移转化。

总而言之，加强知识产权管理体系建设是企业、高等院校、科研机构知识产权工作的关键环节，是企业、高等院校、科研机构提升创新能力建设、促进知识产权转移转化、落实知识产权严保护的重要举措。

相关规则

《“十四五”国家知识产权保护和运用规划》提出，提升创新主体知识产权管理效能。推动创新主体加强知识产权管理标准化体系建设，推动实施创新过程知识产权管理国际标准。推动中央企业建立完善知识产权工作体系，打造一批具备国际竞争优势的知识产权强企。深化实施中小企业知识产权战略推进工程。分级分类开展企业、高校、科研院所知识产权优势培育和建设工作。引导创新主体建立健全知识产权资产管理制度，推动企业做好知识产权会计信息披露工作。建立健全财政资助科研项目形成知识产权的声明制度和监管机制。

第四十一条　金融监督管理、知识产权等部门推动建立和完善知识产权质押融资风险分担、损失补偿和质物处置机制；支持商业银行、担保、保险等金融机构提供符合知识产权特点的金融服务，在风险可控的前提下扩大知识产权质押贷款规模，创新知识产权保险、信用担保等金融产品，为知识产权转化运用和交易运营提供金融支持。

支持评估机构、知识产权服务机构等探索符合知识产权特点的评估方法，开展知识产权价值评估服务，为知识产权质押融资等金融活动提供参考。

条文条旨

本条是关于促进本市知识产权金融服务的规定。

条文说明

目前，知识产权质押融资是知识产权金融服务的主要业务之一。为促进本市知识产权金融服务更好地发展，应逐步优化知识产权质押融资服务体系，进一步健全知识产权质押融资保障工作机制，加强知识产权质押融资风险管理，并在抓好知识产权质押融资主营业务、稳步扩大知识产权质押融资规模的基础上，进一步创新知识产权金融服务。

本条明确了本市政府引导和支持本市金融机构开展知识产权金融服务工作的方向：一是进一步完善知识产权质押融资的保障工作；二是健全知识产权质押融资风险管理；三是在风险可控的前提下，加强知识产权金融融资服务创新。制定本条的根本目的是为知识产权转化运用和交易运营提供金融支持。

在完善知识产权质押融资的保障工作方面，关键是建立和完善知识产权质押融资风险分担、损失补偿和质物处置机制。在健全知识产权质押融资风险管理方面，主要工作举措是支持第三方评估机构、知识产权服务机构等探索符合知识产权特点的评估方法，开展知识产权价值评估服务，为金融机构知识产权资产评估提供支撑。在知识产权金融服务创新方面，是在提供符合知识产权特点的金融服务、有序扩大知识产权质押融资规模基础上，进一步创新知识产权保险、信用担保等金融产品。

相关规则

《科学技术进步法》第 92 条规定："国家鼓励金融机构开展知识产权质押融资业务，鼓励和引导金融机构在信贷、投资等方面支持科学技术应用和高新技术产业发展，鼓励保险机构根据高新技术产业发展的需要开发保险品种，促进新技术应用。"

《中华人民共和国电影产业促进法》第40条第1款规定："国家鼓励金融机构为从事电影活动以及改善电影基础设施提供融资服务，依法开展与电影有关的知识产权质押融资业务，并通过信贷等方式支持电影产业发展。"

《中华人民共和国促进科技成果转化法》第35条第1款规定："国家鼓励银行业金融机构在组织形式、管理机制、金融产品和服务等方面进行创新，鼓励开展知识产权质押贷款、股权质押贷款等贷款业务，为科技成果转化提供金融支持。"

《知识产权强国建设纲要（2021—2035年）》明确提出，要积极稳妥发展知识产权金融，健全知识产权质押信息平台，鼓励开展各类知识产权混合质押和保险，规范探索知识产权融资模式创新。

《"十四五"国家知识产权保护和运用规划》也提出了积极稳妥发展知识产权金融的要求。优化知识产权质押融资体系，健全知识产权质押融资风险管理机制，完善质物处置机制，建设知识产权质押信息平台。支持银行创新内部考核管理模式，推动银行业金融机构用好单列信贷计划和优化不良率考核等监管政策，在风险可控的前提下扩大知识产权质押贷款规模。鼓励知识产权保险、信用担保等金融产品创新，充分发挥金融支持知识产权转化的作用。在自由贸易试验区和自由贸易港推进知识产权金融服务创新。健全知识产权价值评估体系，鼓励开发智能化知识产权评估工具。

国务院发布的《"十四五"市场监管现代化规划》（国发〔2021〕30号）要求，深化知识产权金融服务，扩大知识产权质押融资规模，积极探索多样化科技金融服务模式，健全知识产权价值评估机制，规范探索知识产权证券化等金融创新。

《中国（北京）自由贸易试验区总体方案》要求，探索建立公允的知识产权评估机制，完善知识产权质押登记制度、知识产权质押融资风险分担机制以及质物处置机制。

《中国（湖南）自由贸易区试验区总体方案》要求，支持开展外部投贷联动和知识产权质押、股权质押、科技融资担保等金融服务。探索建立公允的知识产权评估机制，优化知识产权质押登记服务，完善知识产权质押融资风险分担机制以及方便快捷的质物处置机制。

《国务院关于深化北京市新一轮服务业扩大开放综合试点建设国家服务业扩大开放综合示范区工作方案的批复》（国函〔2020〕123号）指出，探索建立公允的知识产权评估机制，完善知识产权质押登记制度、知识产权质押融资风险分担机制以及质物处置机制。

第四十二条 市、区人民政府推动知识产权交易、数字版权交易、国际影视动漫版权贸易等平台建设，提供知识产权权利登记、定价交易、评估评价、运营转化、金融服务等一体化服务。

条文条旨

本条是关于促进本市知识产权交易平台建设的规定。

条文说明

本条明确了市、区级政府应推动知识产权交易平台的建设，特别是推动数字版权交易、国际影视动漫版权贸易平台的建设。

一方面，由于目前知识产权交易平台还存在功能单一的问题，如大部分知识产权交易平台只是具有登记功能的简单中介，并未解决知识产权交易中的风险和信息不对称问题，所以在推动知识产权交易平台建设时，应探索开发定价交易、评估机制、运营转化、投融资等功能，探索建立第三方担保的技术转移交易模式，建立集成资金安全担保、技术资料安全交付、技术交易价格评估、合同签订和履行、技术经纪功能一体的知识产权交易平台。

另一方面，本条规定所确定的数字版权交易、国际影视动漫版权贸易平台，是在市、区宣传部（版权局）的指导下，践行知识产权强国战略，集聚优秀版权资源，降低交易成本，打造产业对接、衍生品交易和行业交流于一体的高端版权交易平台。

相关规则

《“十四五”国家知识产权保护和运用规划》提出，实施版权创新发展工程，打造版权产业集群，强化版权发展技术支撑。

《国家创新驱动发展战略纲要》指出，要完善全国技术交易市场体系，发展规范化、专业化、市场化、网络化的技术和知识产权交易平台。

《中国（北京）自由贸易试验区总体方案》明确提出，建设数字版权交易平台，带动知识产权保护、知识产权融资业务发展。打造国际影视动漫版权贸易平台，探索开展文化知识产权保险业务，开展宝玉石交易业务，做强“一带一路”文化展示交易馆。

第四十三条 鼓励市场主体设立股权投资基金，投资战略性新兴产业领域现有核心知识产权、具有行业前景和技术趋势的前沿技术。

条文条旨

本条是关于设立知识产权股权投资基金的规定。

条文说明

股权投资基金（Private Equity，PE）在中国通常被称为私募股权投资，从投资方式来看，依国外相关研究机构定义，是指通过私募形式对私有企业，即非上市企业，进行的权益性投资，在交易实施过程中附带考虑了将来的退出机制，即通过上市、并购或管理层回购等方式，出售持股获利。

知识产权股权投资基金能够以少量的政府资金带动更多的社会资本投向企业专利创新和推动知识产权综合实力提升的其他领域。它不仅有助于发挥政府资金的示范引导效应，加快知识产权与金融深度融合发展，更好地发挥财政资金的引导放大作用和市场在资源配置中的决定性作用，还可以支持重点产业的企业技术创新，促进重点产业知识产权运营，积极有效地贯彻落实党中央和国务院关于“大众创业、万众创新”的决策部署。

本条明确了本市政府应充分发挥政府资金的引导性作用，支持和鼓励市场主体设立知识产权股权投资基金，以政府资金带动更多的社会资本投向重点的战略性新兴产业和前沿技术领域，以面向世界科技前沿、面向经济主战场、面向国家的重大需求。

相关规则

《国务院关于新形势下加快知识产权强国建设的若干意见》（国发〔2015〕71号）指出，运用股权投资基金等市场化方式，引导社会资金投入知识产权密集型产业。

《北京市人民政府关于加快知识产权首善之区建设的实施意

见》（京政发〔2017〕4号）指出，通过股权投资基金等市场化方式，引导社会资本投入知识产权密集型产业。

第四十四条　市、区知识产权保护管理部门应当建立健全知识产权公共服务体系，依托知识产权公共服务中心、工作站等，加强宣传培训，免费提供法律咨询、维权援助、纠纷调解等服务。

市知识产权部门组织制定公共服务清单、标准和流程，并向社会公布；定期组织第三方机构对知识产权公共服务情况进行评估，提升公共服务质量。

市知识产权公共服务中心组织行业、法律、技术等方面专家成立知识产权保护志愿服务队伍，为中小企业、创新创业组织和团队等提供专业化的知识产权志愿服务。

条文条旨

本条是关于本市知识产权公共服务体系建设的规定。

条文说明

知识产权公共服务是知识产权管理部门及相关政府部门或公共服务机构承担或者主导开展的，围绕知识产权创造、运用、保护、管理等主要环节，按照党中央、国务院有关知识产权的重大决策和战略部署，为社会公众和创新主体提供相关公共服务政策、公共服务产品、信息公共服务、数据开放共享、便利化政务服务、政策业务咨询等基础性服务的授益性行为。优化公共服务体系，全面提升公共服务能力，丰富“全链条”知识产权公共服务供给，是知识产权公共服务的努力方向。

本条明确了本市知识产权公共服务体系建设的相关内容。其中，知识产权保护管理部门，是指具体承担知识产权行政管理专门职责的部门；知识产权公共服务中心，包括北京市知识产权公共服务中心（以下简称市中心）和在全市 16 个区及经济技术开发区设立的知识产权公共服务区中心（以下简称区中心），承担市、区知识产权公共服务体系建设具体工作；知识产权公共服务工作站（以下简称工作站），是指由市中心、区知识产权管理部门与创新创业载体的运营单位三方共建，或由市中心与市级以上行业组织共建的知识产权公共服务机构。区中心、工作站是本市综合性知识产权公共服务机构。

2006 年，本市成立北京市保护知识产权举报投诉服务中心，逐步推动知识产权公共服务工作。2008 年，在北京经济技术开发区试点建立的从市到区级各园区，最后直达创新创业组织的三级服务体系，成为本市知识产权公共服务体系的基本形式。2010 年，北京市保护知识产权举报投诉服务中心加挂“北京市知识产权维权援助中心”牌子，拓展知识产权维权援助工作，至此本市知识产权公共服务体系逐步形成。为进一步强化公共服务能力，2021 年本市在机构改革后，成立市知识产权公共服务中心，承担本市知识产权公共服务体系建设具体工作，由此形成了“1 + 17 + N”多层级知识产权公共服务体系，在全国率先实现了地区级综合性知识产权公共服务机构全覆盖。知识产权公共服务在首都“两区”建设、“四个中心”建设中，发挥了重要保障作用。

目前，为加强知识产权公共服务顶层设计，北京市知识产权局先后发布《关于进一步加强北京市知识产权公共服务的意见》（京知局〔2021〕336 号）、《北京市知识产权局公共服务事项清单（第一版）》《北京市知识产权公共服务机构管理办法》，健全以效能为导向的公共服务成效评价机制。提高（京知局〔2022〕154号）服务便利度，围绕国际科技创新中心建设、“两区”建设等重点工作任务，在自贸区、“三城一区”主平台布局工作站，为战略性新兴产业、文化科技融合产业、数字产业等重点产业提供差异化、特色化服务。加强对专精特新中小企业等创新型中小微企业的知识产权公共服务，组织工作站联络员、创新创业载体知识产权服务导师为其提供咨询服务、业务指导，落实公共服务“最后一公里”；为本市承办的重大活动的知识产权保护与宣传工作提供重要支撑与保障；完善京津冀三地协同发展机制，实现专家资源共享。丰富服务供给，与市科学技术委员会、中关村管理委员会、市经济和信息化局、市委宣传部建立工作联动机制，共同推动综合性公共服务机构建设；完善志愿服务合作机制，依托1200余名首都保护知识产权志愿专家，为知识产权公共服务提供专家资源。根据中小微企业的特点和需求，建立“双创阶梯培训”“IP服务日”等菜单式服务项目。编写《数字经济知识产权保护指南》等重点产业知识产权保护指南、指导案例系列丛书、30余种宣传册以及培训课件等360余项服务资料。提升服务能力，编制《北京市知识产权公共服务工作指引》，组织区中心、工作站联络员培训与考核，尽可能地实现联络员持证上岗。2022年，在全国首次开展省级知识产权公共服务优秀案例评选，评出十佳知识产权公共服务优秀案例，推广典型经验做法。

这次立法，通过地方性法规固化了北京市“1 + 17 + N”多层级知识产权公共服务体系建设成果，有利于健全知识产权公共服务标准规范、完善以效能为导向的知识产权公共服务评价体系、强化丰富多元的知识产权公共服务供给，提升知识产权公共服务质量，提高知识产权公共服务的便利度。

相关规则

《知识产权强国建设纲要（2021—2035年）》明确要求，构建政府引导、多元参与、互联共享的知识产权公共服务体系。加强专业便捷的知识产权公共咨询服务，健全中小企业和初创企业知识产权公共服务机制。统筹推进分级分类的知识产权公共服务机构建设，大力发展高水平的专门化服务机构。

国家知识产权局发布的《知识产权公共服务"十四五"规划》（国知发服字〔2021〕39号）要求，加强知识产权公共服务机构建设。支持有条件的地级市和县（市、区）通过自建、联建、共建等形式建立综合性知识产权公共服务机构，统一提供知识产权政策咨询、信息服务、公益培训等服务。

国家知识产权局发布的《知识产权公共服务能力提升工程工作方案》（国知发服函字〔2021〕104号）明确提出，围绕形成便民利民的知识产权公共服务体系，加大统筹协调力度，整合公共服务资源，完善公共服务网络，拓宽公共服务领域。各地要通过多种形式设立地市级综合性知识产权公共服务机构，多渠道、多方式提供知识产权信息服务、业务咨询、维权援助、业务受理等服务，逐步实现"一站式"服务。

北京市知识产权局发布的《北京市"十四五"时期知识产权发展规划》（京知局〔2021〕226号）要求，到2025年，要为2.2万家次企业提供知识产权公共服务。加强市、区、创新创业载体三级知识产权公共服务机构建设，为创新主体提供全方位精准公共服务。

北京市委市政府发布的《北京市知识产权强国示范城市建设纲要（2021—2035年）》提出，加强市、区、创新创业载体三级知识产权公共服务机构建设。提升知识产权公共咨询服务质量，加强对中小企业、初创企业知识产权服务。

北京市知识产权局发布的《关于进一步加强北京市知识产权公共服务的意见》（京知局〔2021〕336号）指出，充分利用区域优势资源，持续推进北京市知识产权公共服务区中心、工作站建设，进一步优化知识产权公共服务机构布局。创新服务方式，拓展区中心、工作站职能范围，为创新主体和公众提供知识产权政策解读、维权援助、纠纷调解、信息服务、宣传培训等综合性服务，打通便民服务“最后一公里”，进一步提升服务效能。

第四十五条 本市建设知识产权公共信息服务平台，推动知识产权保护管理部门、人民法院、人民检察院、行业协会、知识产权服务机构之间信息共享，免费向社会提供知识产权公共信息查询、检索、咨询等服务。

鼓励有条件的高等院校、科研机构向社会开放知识产权信息服务资源。

条文条旨

本条是关于本市知识产权公共信息服务平台建设的规定。

条文说明

知识产权信息公共服务是知识产权服务中一项庞大的基础性工程，通过对知识产权基础信息资源进行开发、集成和共享，实现为产业部门、创新主体和社会公众等提供服务的目的。知识产权信息公共服务是知识产权强国战略的关键一环，是推动科技创新和科技成果转化、促进科技经济深度融合的客观要求，对深入实施创新驱动发展战略、推动经济提质增效具有重要意义。

本市以完善知识产权信息公共服务基础建设、提升知识产权信息公共服务效能为工作主线，构建专业、便利、规范的知识产权信息公共服务体系，营造更有活力、更加开放、更加有序的知识产权信息服务环境，充分发挥知识产权信息对创新发展的促进和保护作用，为构建首都新发展格局、推进高质量发展提供支撑。

北京市知识产权信息公共服务体系建设主要包括以下几项内容。一是夯实知识产权信息公共服务基础。完善知识产权信息公共服务运行机制，加强北京市知识产权公共信息服务平台建设，拓展知识产权信息公共服务网络布局。二是丰富知识产权信息公共服务产品和供给。持续加大知识产权信息基础服务工作力度，构建多层次知识产权信息服务产品体系，知识产权信息服务助力金融创新。三是提升知识产权信息服务能力和水平。提升知识产权信息公共服务效能，提升知识产权信息公共服务便民水平，加强知识产权信息服务人才培养。四是营造优良的知识产权信息服务环境。加速推动知识产权信息服务业高水平开放协同发展，加强知识产权信息服务行业自律，加强知识产权信息服务宣传推广。

北京市知识产权公共信息服务平台是一个技术先进、功能完备、内容丰富的一站式知识产权综合信息服务平台，具有专利检索分析、专利专题服务、专利业务管理、知识产权保护信息服务、知识产权综合信息服务等服务功能。该平台于 2017 年 11 月竣工，目前已覆盖 103 个国家、地区或组织的一亿多件专利文献数据，建设了北京市重点产业专利专题数据库，涉及 74 个细分领域，实现北京市九大战略性新兴产业、十大高精尖产业重点产业全覆盖。为提升高校知识产权信息应用和服务水平，2021 年北京市知识产权公共信息服务平台结合高校自身特色，与北京科技大学、北京交通大学、北京工业大学、北京中医药大学、北京化工大学 5 所高校联合组织了形式多样、内容丰富的知识产权系列活动，通过开展调研交流、教学实践、图书角建设、培训、宣传推广等一系列活动，充分发挥在京高校的知识产权信息资源和人才资源优势，探索推动高校知识产权信息工作的新方法、新举措、新途径，不断完善知识产权信息公共服务体系，提升高校知识产权信息服务水平。2022 年，在之前 5 所高校的基础上，又新增了北京大学、清华大学、中国农业大学、北京理工大学、中国石油大学（北京）5 所高校开展高校知识产权信息服务共建工作，持续丰富服务内容，扩大传播利用效能。2022 年 4 月 27 日，北京市知识产权信息公共服务推进大会上，对共建的 10 所高校进行了高校知识产权信息服务共建单位授牌仪式，并由北京大学、清华大学进行了高校知识产权信息服务工作经验分享，进一步扩大宣传，增强影响力。

相关规则

《知识产权强国建设纲要（2021—2035 年）》提出，建立数据标准、资源整合、利用高效的信息服务模式。加强知识产权数据标准制定和数据资源供给，建立市场化、社会化的信息加工和服务机制。规范知识产权数据交易市场，推动知识产权信息开放共享，处理好数据开放与数据隐私保护的关系，提高传播利用效率，充分实现知识产权数据资源的市场价值。推动知识产权信息公共服务和市场化服务协调发展。加强国际知识产权数据交换，提升运用全球知识产权信息的能力和水平。

《关于新形势下加快建设知识产权信息公共服务体系的若干意见》（国知发服字〔2019〕46 号）提出，到 2022 年，基本建成主干清晰、门类多样、内容丰富的知识产权信息公共服务体系。

国务院发布的《“十四五”国家知识产权保护和运用规划》（国发〔2021〕20 号）明确提出，推进地方知识产权公共服务平台和专题数据库建设，优先支持战略性新兴产业集群所在地建设知识产权公共服务平台，推动知识产权公共服务平台与行业、产业信息服务平台互联互通，提高知识产权公共服务可及性和普惠性。优化知识产权公共服务网点布局，提升高校、科研机构、科技社团、公共图书馆、科技情报机构、产业园区生产力促进机构等知识产权信息公共服务能力。重点支持技术与创新支持中心、高校国家知识产权信息服务中心、国家知识产权信息公共服务网点有序发展。加强知识产权信息传播利用，加大知识产权基础数据开放力度，促进数据资源共享。完善知识产权信息利用相关规范，开展知识产权信息利用研究分析和发布。

《知识产权公共服务"十四五"规划》明确要求，知识产权公共服务信息化基础设施更加智慧便捷。依托全国一体化大数据中心体系，建设国家知识产权大数据中心和国家知识产权公共服务平台。全国范围内实现各级各类知识产权公共服务平台互联互通、数据信息资源关联共享。知识产权公共服务智能化水平显著提升，网络安全保障更加有力。打通知识产权数据共享、业务协同壁垒。统筹推进专利审查相关系统、商标注册与管理平台、国家知识产权保护信息平台、国家知识产权公共服务平台，以及地方知识产权公共服务平台等互联互通，消除"信息孤岛"和"数据烟囱"。加大现有各信息系统的整合、优化、改造、升级力度，提供规范化的应用接口和数据接口，促进提升信息化工作整体效能，改善用户体验。统筹规划知识产权业务网络架构，优化信息基础设施方案，完善网络和安全配置策略，全面支持互联网协议第六版（IPv6），为各类知识产权的业务协同和数据共享提供网络支撑。

第四十六条 市知识产权部门应当提供国别知识产权制度指引，及时发布风险预警提示信息，建立海外知识产权纠纷应对指导和维权援助机制，为处理海外知识产权纠纷提供专家、信息、法律等方面的支持。

鼓励企业、行业协会、商会等建立海外知识产权维权联盟，设立海外维权援助互助基金，提高海外知识产权风险防范和纠纷应对能力。

条文条旨

本条是关于本市海外知识产权维权援助的规定。

条文说明

随着全球经济贸易一体化进程的推进，我国企业参与全球市场竞争不断深化，在海外面临的知识产权纠纷也日趋加剧，企业海外知识产权权益面临越来越大的风险与挑战。建立健全海外知识产权维权援助体系，既是推动我国企业参与全球市场竞争的重要保障，也符合我国深度参与全球知识产权治理、加强知识产权保护国际合作的需求。

本条明确了海外知识产权维权援助工作的重要内容，并体现为以下三点。

一是完善海外知识产权风险预警体系。提供海外知识产权信息服务，应主要提供国别知识产权制度指引。跟踪发布重点国家、重点产业的知识产权信息和竞争动态，跟踪研究企业海外知识产权涉诉的重大案件，及时发布风险提示，而从源头上控制风险。

二是健全海外知识产权纠纷应对指导体系。从政府层面，建立海外知识产权纠纷应对指导和维权援助机制，发布涉外知识产权公共服务内容资源目录，为处理海外知识产权纠纷提供专家、信息、法律等方面的支持。

三是引导市场主体积极参与。鼓励企业、行业协会、商会等建立海外知识产权维权联盟，设立海外维权援助互助基金，提高海外知识产权风险防范和纠纷应对能力。

北京市知识产权公共服务中心（暨北京市知识产权维权援助中心）在北京市知识产权局的指导下，承担北京市海外知识产权维权援助职责。多年来，北京市知识产权维权援助中心已在全国率先建立起“央地协同、市区联动、区域协作、社会组织参与”的多元主体合力共建的海外知识产权维权援助工作机制，打造了应对指导、信息服务、专家支持、人才服务、分析研究“五位一体”的海外知识产权维权综合服务体系，在全国首创开展了建设海外知识产权公共服务信息库、指导设立海外知识产权保护联盟等工作。本市海外维权工作模式得到国家知识产权局的肯定和推广。2020 年 4 月，北京市知识产权维权援助中心获批成为首批国家海外知识产权纠纷应对指导中心地方分中心。

相关规则

《知识产权强国建设纲要（2021—2035 年）》明确要求，建设知识产权保护中心网络和海外知识产权纠纷应对指导中心网络。建立健全海外知识产权预警和维权援助信息平台。

国务院知识产权战略实施工作部际联席会议办公室发布的《知识产权强国建设纲要和“十四五”规划实施年度推进计划》（国知战联办〔2021〕16 号）指出，加强国家海外知识产权纠纷应对指导中心建设，强化海外知识产权信息供给服务，加大企业海外知识产权纠纷应对指导工作力度。强化企业海外知识产权风险预警和维权援助，探索建设知识产权涉外风险防控体系。编制重点国家和地区知识产权保护国别指南，发布重点国家年度知识产权相关诉讼调查报告及典型案例等。

中共中央办公厅、国务院办公厅发布的《关于强化知识产权保护的意见》要求，加强海外维权援助服务。完善海外知识产权纠纷预警防范机制，加强重大案件跟踪研究，建立国外知识产权法律修改变化动态跟踪机制，及时发布风险预警报告。加强海外信息服务平台建设，开展海外知识产权纠纷应对指导，构建海外纠纷协调解决机制。建立海外维权专家顾问机制，有效推动我国权利人合法权益在海外依法得到同等保护。

《国务院关于全面推进北京市服务业扩大开放综合试点工作方案的批复》（国函〔2019〕16 号）提出，支持企业商标海外布局，加强商标海外维权保护，逐步形成以商标品牌为核心的国际竞争新优势。

《国家知识产权局　中国国际贸易促进委员会关于进一步加强海外知识产权纠纷应对机制建设的指导意见》（国知发保字〔2021〕33 号）提出，政府部门牵头整合行业协会、服务机构、企业等各方优势资源，聚焦企业海外维权的痛点难点问题，针对重点领域和关键环节发力，持续完善海外知识产权纠纷应对指导工作体系，切实加大海外知识产权维权援助工作力度。

《北京市优化营商环境条例》（2022 修正）第 15 条第 3 款规定：“市知识产权部门应当建立企业专利海外应急援助机制，指导企业、协会制定海外重大突发知识产权案件应对预案，支持协会、知识产权中介机构为企业提供海外知识产权纠纷、争端和突发事件的应急援助。”

中共北京市委办公厅、北京市人民政府发布的《关于强化知识产权保护的行动方案》提出，支持企业以市场化方式设立知识产权维权互助基金，提高维权保障能力；加强海外维权援助服务。

《北京市营商环境创新试点工作实施方案》（京政发〔2022〕6号）要求，加强海外知识产权纠纷维权援助服务，完善重大涉外知识产权纠纷快速响应和通报研判机制，出台跨境合作研发、人才引进领域的海外知识产权风险防范指引，健全本市海外知识产权公共服务信息库，重点完善"一带一路"沿线国家及 RCEP 成员国等海外知识产权信息，推进京津冀三地海外维权服务资源共享，提高企业海外知识产权纠纷应对能力。

《北京市"十四五"时期知识产权发展规划》指出，应充分发挥国家海外知识产权纠纷应对指导中心地方分中心作用，持续推进北京市海外知识产权公共服务信息库建设，完善海外维权专家顾问机制，加强企业海外维权和纠纷应对指导。优化"五位一体"海外知识产权维权援助综合服务体系，做好进出口贸易、涉外展会、企业境外参展等涉外知识产权保护与维权服务。鼓励知识产权服务机构创新海外知识产权维权服务模式，探索设立知识产权海外维权援助基金。

第四十七条　本市促进和规范知识产权服务业发展，指导相关行业协会开展分级分类评价；培育国际化、市场化、专业化知识产权服务机构，支持其依法开展知识产权代理、咨询、投融资等活动；鼓励发展高附加值的知识产权服务。

条文条旨

本条是关于本市促进和规范知识产权服务业的规定。

条文说明

本条明确了本市政府促进和规范知识产权服务业发展的要求

和重要举措。一是规范知识产权服务市场秩序，完善知识产权服务业市场监管体系，指导相关行业协会开展分级分类评价，建立行政监管与行业自律有机结合的监督管理机制，逐步实现对服务机构的分级分类管理。二是提升知识产权市场化服务能力，形成一批专业化、规模化、市场化、国际化的知识产权市场化服务机构，鼓励市场化服务机构围绕知识产权创造、运用、保护、管理的全链条提供高附加值的知识产权服务。

本条规定所称的知识产权服务业，特指知识产权公共服务之外的知识产权市场化服务业。根据 2012 年国家知识产权局、国家发展改革委等九部门印发的《关于加快培育和发展知识产权服务业的指导意见》（国知发规字〔2012〕110 号），将知识产权市场化服务业划分为知识产权代理服务业、法律服务业、信息服务业、商用化服务业、咨询服务业、培训服务业六大类服务业。

知识产权服务业的健康快速发展，有助于为提升知识产权创造、运用、保护和管理能力提供服务保障，为助力创新创业、促进知识产权的转化运用提供有力支撑。

相关规则

《“十四五”国家知识产权保护和运用规划》提出要促进知识产权服务业健康发展。一是培育发展知识产权服务业。引导知识产权代理、法律、信息、咨询、运营服务向专业化和高水平发展，拓展知识产权投融资、保险、资产评估等增值服务，促进知识产权服务业新业态新模式发展。加快制定实施知识产权服务业基础标准、支撑标准、产品标准、质量标准。深入实施专利代理机构执业许可审批告知承诺改革。引导国际高水平知识产权服务机构依规在华设立常驻代表机构。开展品牌价值提升行动，培育一批国际化、市场化、专业化知识产权服务机构。建设国家知识产权服务出口基地。全国执业专利代理师达到4万人。完善知识产权服务业统计制度。支持知识产权服务行业协会组织开展公益代理和维权援助。

二是促进知识产权服务业与区域产业融合发展。聚焦重点区域、重点产业需求，优化知识产权服务业集聚区建设，引导知识产权服务链上下游优势互补、多业态协同发展。建立知识产权服务对接重点产业、重大项目工作机制，重点提供专利导航等高端服务。鼓励知识产权服务机构为创新主体提供全链条、专业化知识产权服务，支持企业创新发展和产业转型升级。

三是加强知识产权服务业监管。规范计划制定、名单抽取、结果公示、数据存档等各项抽查检查工作程序，实现“双随机、一公开”监管全覆盖。建立知识产权服务业监管长效机制。健全跨部门、跨区域协同监管机制。完善年度报告、经营异常名录、严重失信主体名单制度，开展信用评价并推广应用评价结果。建立知识产权服务业质量监测机制，利用新技术手段快速精准发现违法违规行为线索，提升监管效能。充分发挥知识产权服务行业协会作用，加大行业自律惩戒力度。建设知识产权服务业评价系统，及时公开服务机构和从业人员评价数据。

《国务院关于新形势下加强打击侵犯知识产权和制售假冒伪劣商品工作的意见》（国发〔2017〕14号）明确指出，培育发展知识产权服务业，支持知识产权信息咨询、培训、法律代理等新业态发展。

国务院发布的《北京加强全国科技创新中心建设总体方案》（国发〔2016〕52号）要求，充分利用现有资源，统筹建设全国知识产权运营公共服务平台，建设国家知识产权服务业集聚发展示范区。

第四十八条　鼓励高等院校加强知识产权人才培养，开设知识产权相关专业和课程，开展知识产权学历教育，培养复合型、应用型、国际化知识产权人才。

本市将知识产权培训纳入职业技能提升计划，扩大知识产权职业培训规模；组织对从事知识产权行政管理、司法、公共服务、科技创新等工作的相关人员开展业务培训。鼓励、引导行业协会、商会等开展知识产权人才职业技能水平评价。

条文条旨

本条是关于本市知识产权人才队伍建设的规定。

条文说明

本条明确了本市加强知识产权人才体系建设的重点：一是依托高等院校，通过学科和课程建设，培养复合型人才、具有全球战略眼光的国际化人才；二是建立开放、多元化的知识产权人才培训体系，全面提高从业人员的知识产权技能。

国家知识产权局发布的《知识产权人才“十四五”规划》（国知发人字〔2021〕38 号）明确指出，知识产权人才是发展知识产权事业的第一资源，是知识产权高质量发展的先决条件，是知识产权强国建设的战略支撑。我国“十四五”时期，围绕满足知识产权各类人才需求的目标，做好四支重点人才队伍和一支基础人才队伍建设。建设一支政治素质高、业务能力强的专业化高水平知识产权保护人才队伍；打造一支能够促进知识产权资本化和产业化的知识产权高效运用人才队伍；培养一支理工、管理、法律等学科背景的复合型高素质知识产权公共服务人才队伍；培养和选拔一支拥有国际视野，具有丰富国际交流经验和处理国际事务能力的知识产权国际化人才队伍。同时，加强知识产权审查、宣传等各级各类基础人才队伍建设。

本条所称的职业技能提升计划，是指围绕首都“四个中心”功能建设和高质量发展对技能人才的需求，提升知识产权人才能力水平。根据《“十四五”国家知识产权保护和运用规划》的要求，应完善知识产权人才分类培训体系，健全人才保障机制；加强知识产权行政管理、行政执法、行政裁决人员培养，分层次分区域持续开展轮训；加强企事业单位知识产权人才培养，建设理论与实务联训基地；建立知识产权服务业人才培训体系，提高服务业人才专业能力；大力培养知识产权国际化人才。

本市将知识产权培训纳入持续推进的职业技能提升计划，依托现有培训体系全面开展知识产权培训。重点对从事知识产权行政管理、司法、公共服务、科技创新等工作的相关人员开展业务培训，提升政府的知识产权服务水平，充分发挥典范示范和辐射带动作用。此外，进一步优化行业制度，鼓励、引导行业协会、商会等开展知识产权人才职业技能水平评价，提高从业人员的专业地位，促进知识产权人才队伍职业化发展。

本条提出培养复合型、应用型、国际化知识产权人才，这既是对人才的要求，也是对人才的需求。首先，要培养复合型知识产权人才，必须创新培养模式。具体而言，应当根据高等院校的实际，调整课程体系，培养出具有不同学科背景（理、工、经、管等）的复合型人才。其次，知识产权人才最终要走向市场，因此关于人才的培养应该强调应用导向。最后，知识产权人才培养不仅应注重本国特色，还应强调知识产权人才的全球战略眼光。

我国目前已经成为《巴黎公约》等重要国际知识产权公约的成员国，知识产权工作正走向国际化。聚焦国际化可以从以下两个方向入手：一方面，促进国际人才本土化，建立聚才引才体制；另一方面，培养本土人才国际化，通过国际交流、交换生等项目，充分利用国外的优质资源，培养一批拥有国际视野，具有丰富国际交流经验和知识产权国际事务处理能力的知识产权国际化人才。

同时，关于知识产权人才评价，应注重评价标准与国际接轨，以扩大我国知识产权的国际影响力，在应对国际知识产权纠纷方面发挥更大的作用。

相关规则

《知识产权强国建设纲要（2021—2035年）》指出，营造更加开放、更加积极、更有活力的知识产权人才发展环境。完善知识产权人才培养、评价激励、流动配置机制。支持学位授权自主审核高等院校自主设立知识产权一级学科。推进论证设置知识产权专业学位。实施知识产权专项人才培养计划。依托相关高等院校布局一批国家知识产权人才培养基地，加强相关高等院校二级知识产权学院建设。加强知识产权管理部门公职律师队伍建设，做好涉外知识产权律师培养和培训工作，加强知识产权国际化人才培养。开发一批知识产权精品课程。开展干部知识产权学习教育。进一步推进中小学知识产权教育，持续提升青少年的知识产权意识。

《"十四五"国家知识产权保护和运用规划》提出，要加强知识产权人才队伍建设。优化知识产权人才发展环境。推进知识产权学科建设，支持学位授权自主审核单位依程序设置知识产权一级学科点，支持有关单位依程序设置知识产权二级学科点，研究设置知识产权硕士专业学位。推动知识产权相关专业升级和数字化改造，开发一批知识产权精品课程。鼓励支持有条件的理工科高等院校开设知识产权相关专业和课程。设立一批国家知识产权人才培养基地。做好知识产权职称制度改革实施工作，完善知识产权人才评价体系。提升知识产权人才能力水平。完善知识产权人才分类培训体系，健全人才保障机制。加强知识产权理论研究，完善知识产权研究管理机制，强化智库建设，鼓励地方开展政策研究。加强知识产权行政管理、行政执法、行政裁决人员培养，分层次分区域持续开展轮训。加强企事业单位知识产权人才培养，建设理论与实务联训基地。建立知识产权服务业人才培训体系，提高服务业人才专业能力。大力培养知识产权国际化人才。

《知识产权人才“十四五”规划》提出，“十四五”时期，知识产权人才工作的总体目标是全面整合知识产权人才工作资源，完善知识产权全领域人才协同发展机制，促进知识产权全链条人才队伍建设，构建和完善符合新时代知识产权强国建设需要的知识产权人才体系，使人才培养能够满足知识产权各领域、各环节、各层次的各类需求。加强知识产权人才高质量培养，加大人才供给数量，完善人才评价激励机制，提升人才使用效能，着力打造有利于人才成长和发展的高端平台，全方位提高人才能力素质和水平层次。到2025年，知识产权人才队伍规模超过100万人，高层次人才队伍进一步壮大，人才结构进一步优化，人才效能持续增强。

围绕满足知识产权各类人才需求的目标，做好四支重点人才队伍和一支基础人才队伍建设。建设一支政治素质高、业务能力强的专业化高水平知识产权保护人才队伍；打造一支能够促进知识产权资本化和产业化的知识产权高效运用人才队伍；培养一支理工、管理、法律等学科背景的复合型高素质知识产权公共服务人才队伍；培养和选拔一支拥有国际视野，具有丰富国际交流经验和处理国际事务能力的知识产权国际化人才队伍。同时，加强知识产权审查、宣传等各级各类基础人才队伍建设。

第五章 纠纷多元调处

第四十九条 当事人可以就专利侵权纠纷依法向知识产权部门申请行政裁决。

市知识产权部门对当事人提起专利无效宣告请求的案件，与国务院专利行政部门建立行政裁决与确权程序的联动机制，协同推进专利侵权纠纷处理。

条文条旨

本条是关于专利侵权纠纷行政裁决的规定。

条文说明

行政裁决是行政机关根据当事人申请，根据法律法规授权，居中对与行政管理活动密切相关的民事纠纷进行裁处的行为。行政裁决作为多元化纠纷解决的重要方式之一，具有效率高、成本低、专业性强、程序简便等优势，有利于促进矛盾纠纷的快速解决。

党中央、国务院高度重视行政裁决工作，把行政裁决视为完善矛盾纠纷多元化解机制的重要环节，以及促进社会和谐稳定的重要举措。党的十八届四中全会提出，健全社会矛盾纠纷预防化解机制，完善调解、仲裁、行政裁决、行政复议、诉讼等有机衔接、相互协调的多元化纠纷解决机制，以及健全行政裁决制度，强化行政机关解决同行政管理活动密切相关的民事纠纷功能。中共中央、国务院发布的《法治政府建设实施纲要（2021—2025年）》要求，“有序推进行政裁决工作。发挥行政裁决化解民事纠纷的‘分流阀’作用，建立体系健全、渠道畅通、公正便捷、裁诉衔接的裁决机制。”中共中央办公厅、国务院办公厅发布的《关于完善矛盾纠纷多元化解机制的意见》（中办发〔2015〕60号）提出，健全行政裁决制度，明确行政裁决的适用范围、裁决程序和救济途径，强化行政机关解决同行政管理活动密切相关的民事纠纷功能。这一系列部署和要求为健全行政裁决制度、加强行政裁决工作提供了重要指引。

依据《专利法》第65条的规定，地方人民政府管理专利工作的部门可以应专利权人或利害关系人请求处理专利侵权纠纷，这属于典型的行政裁决。多年来，北京市知识产权局发挥专业性高、技术性强的优势，办理了一大批专利侵权纠纷行政裁决案件，及时有效化解了社会矛盾纠纷，保障了专利权人的合法权益。

本条从地方性法规的层面，再次明确了专利行政裁决工作的法律依据，并支持本市在专利侵权纠纷行政裁决示范建设工作中，创新工作方式，建立专利行政裁决与专利确权程序的联动机制，提高专利侵权纠纷中涉及专利无效宣告请求案件的审理效率。

相关规则

《专利法》第65条规定：“未经专利权人许可，实施其专利，即侵犯其专利权，引起纠纷的，由当事人协商解决；不愿协商或者协商不成的，专利权人或者利害关系人可以向人民法院起诉，也可以请求管理专利工作的部门处理。管理专利工作的部门处理时，认定侵权行为成立的，可以责令侵权人立即停止侵权行为，当事人不服的，可以自收到处理通知之日起十五日内依照《中华人民共和国行政诉讼法》向人民法院起诉；侵权人期满不起诉又不停止侵权行为的，管理专利工作的部门可以申请人民法院强制执行。进行处理的管理专利工作的部门应当事人的请求，可以就侵犯专利权的赔偿数额进行调解；调解不成的，当事人可以依照《中华人民共和国民事诉讼法》向人民法院起诉。”

《知识产权强国建设纲要（2021—2035 年)》提出，依法科学配置和行使有关行政部门的调查权、处罚权和强制权。建立统一协调的执法标准、证据规则和案例指导制度。发挥专利侵权纠纷行政裁决制度作用，加大行政裁决执行力度。探索依当事人申请的知识产权纠纷行政调解协议司法确认制度。

《“十四五”国家知识产权保护和运用规划》提出，健全知识产权侵权纠纷行政裁决制度。加大行政处罚力度，加强侵权纠纷行政裁决，有效遏制恶意侵权、重复侵权、群体侵权。加强知识产权行政执法和行政裁决队伍人员配备和能力建设，提升知识产权行政执法装备现代化、智能化水平，利用新技术手段畅通投诉举报渠道，提升打击侵权假冒行为的效率及精准度。

《国家知识产权局办公室关于开展专利侵权纠纷行政裁决示范建设工作的通知》（国知办发保字〔2019〕40 号）明确提出，创新工作方式。推行专利侵权纠纷案件立案登记制，简化立案手续。建立案件送达信息网上公告制度，方便案件送达。对立案时请求人已提交专利权评价报告的外观设计、实用新型专利侵权案件，经当事人陈述和质证后，推行专利侵权纠纷案件书面审理机制。对庭前准备充足、证据收集全面、庭审调查清晰的案件，鼓励口头审理结束后当庭作出裁决。聘请专业技术人员作为技术调查员，参与案件办理，协助查明技术事实，提供咨询意见。建立专利行政裁决与专利确权程序的联动机制，涉案专利被提起无效宣告请求的，侵权纠纷承办地省（区、市）知识产权局可以商国家知识产权局知识产权保护司会同专利局复审和无效审理部开展联合审理。

第五十条 当事人可以就知识产权纠纷依法向知识产权保护管理部门申请调解。经调解签订调解协议且调解协议内容符合相关法律规定的，人民法院依当事人申请予以司法确认。

条文条旨

本条是关于调解协议司法确认的规定。

条文说明

为了提高知识产权纠纷的解决效率，本条规定当事人可以就知识产权纠纷向有关知识产权保护管理部门申请调解。知识产权保护管理部门应当依据法律规定，根据纠纷涉及的问题，积极进行调解。

根据《专利法》《中华人民共和国专利法实施细则》以及《专利行政执法办法》的相关规定，发生专利纠纷，当事人可以请求被请求人所在地或者侵权行为地的管理专利工作部门予以调解。请求调解的范围包括：①专利申请权纠纷；②专利权归属纠纷；③专利发明人、设计人资格纠纷；④职务发明创造的发明人、设计人的奖励和报酬纠纷；⑤发明专利申请公布后，专利权授予之前，单位或个人使用该发明没有支付适当费用的纠纷；⑥其他专利纠纷。针对前述⑤项纠纷的调解请求，请求人应当在专利权授予以后提出。

对调解的案件，知识产权保护管理部门应当根据自愿、合法的原则，以说服劝导的方式，促使争议双方互谅互让，达成协议，解决纠纷。

自愿原则，是指在民事诉讼过程中，人民法院对民事案件进行调解的前提必须是双方当事人自愿，不能有丝毫的勉强。一是调解的提出和进行必须是双方当事人的意愿。调解必须出于当事人的真实意思表示，不能推定，即当事人的真实意思表示的形式应当是明示行为而不能是默示行为。在法律规定的范围内，当事人有权决定是否以调解的方式解决纠纷，所以在当事人没有自愿调解的前提下，强行调解会构成对当事人权利的侵犯，而这脱离了调解的本意。

二是调解达成的协议内容必须反映双方当事人的真实意思。调解协议的内容直接涉及双方当事人的民事权利义务，应当由当事人按自己的意愿进行处分，行政机关只能根据政策、法律进行说服教育工作，引导他们以和解的方式解决纠纷。调解协议的内容，必须是双方当事人自愿协商的结果，否则即使达成协议，事后也有可能被当事人推翻。因此在调解的原则中，自愿原则居于核心地位，具有特殊的重要性。无论是从尊重当事人的处分权考虑，还是为了使达成的调解协议能够得到自觉的履行，都必须高度重视并认真贯彻自愿原则。调解制度在实践中出现的问题，大多都根源于对自愿原则的违反。

合法原则，是指行政机关和双方当事人的调解活动及其协议内容，必须符合法律的规定。合法原则的具体要求包括调解程序合法，达成的协议内容基本符合有关政策、法律的规定。

本条的创新之处在于，告知当事人可以就行政调解协议申请司法确认，以保障调解的效力。根据最高人民法院发布的《关于建立健全诉讼与非诉讼相衔接的矛盾纠纷解决机制的若干意见》（法发〔2009〕45号）第20条、《最高人民法院关于人民法院进一步深化多元化纠纷解决机制改革的意见》（法发〔2016〕14号）第31条的规定，经行政机关、人民调解组织、商事调解组织、行业调解组织或者其他具有调解职能的组织调解达成的具有民事合同性质的协议，当事人可以申请有管辖权的人民法院确认其效力。各地人民法院可依据上述文件受理行政调解协议司法确认案件。根据《民事诉讼法》第201条的规定，申请司法确认的调解协议的范围也不再限于人民调解，而是“依法设立的调解组织调解达成调解协议”。上述规定应为行政机关调解后进行司法确认的法律层面的依据。

相关规则

《最高人民法院关于全面加强知识产权司法保护的意见》（法发〔2020〕11号）第21条规定：“健全完善多元化纠纷解决机制。支持知识产权纠纷的多渠道化解，开展知识产权纠纷调解协议司法确认试点，充分发挥司法在多元化纠纷解决机制建设中的引领、推动作用，提升解决纠纷的整体效能。”

第五十一条 鼓励行业协会、商会等成立行业性、专业性知识产权纠纷人民调解组织，提供调解服务。知识产权、版权、司法行政等部门应当给予支持和指导。

鼓励知识产权服务机构、法律服务机构等提供便捷、高效的知识产权纠纷调解服务。

条文条旨

本条是关于本市开展知识产权纠纷多元调解的规定。

条文说明

知识产权纠纷多元调解，是指通过建立完善知识产权纠纷人民调解、行政调解、行业性专业性调解、司法调解有机衔接、协调联动、高效便捷的知识产权纠纷调解工作机制，为当事人提供便捷、高效、低成本的非诉讼知识产权纠纷解决途径。

北京市知识产权纠纷调解工作通过不断探索尝试，逐步构建起以社会组织为主体，由知识产权部门负责、司法行政部门指导、司法部门确认保障的多部门联动的知识产权纠纷多元调解机制。为进一步完善新时期新形势下知识产权纠纷多元调解工作，落实国家知识产权局、司法部发布的《关于加强知识产权纠纷调解工作的意见》（国知发保字第〔2021〕27 号）的相关部署，研究制定《北京市关于加强知识产权纠纷多元调解工作的实施意见》，强化知识产权保护管理部门、司法行政部门、司法部门和社会组织之间的密切配合和协调联动。以成立北京市知识产权纠纷调解中心为契机，初步形成知识产权纠纷调解中心统筹推进，行业性专业性知识产权纠纷人民调解委员会、人民调解工作室广泛参与、优势互补的立体化调解工作网络，搭建调解组织与行政、司法、仲裁等解纷途径的对接平台。

充分发挥行业自律机制作用，在软件、电子信息、医疗器械等领域建立 16 家行业性专业性知识产权纠纷人民调解委员会，覆盖十大“高精尖”产业领域，培养一支 300 余人的专、兼职人民调解员队伍。在“两区”重点园区（组团）、高新技术产业园、国家级知识产权保护规范化市场建立 12 家知识产权纠纷人民调解工作室。市级调解中心统筹推进，行业性专业性人民调解委员会、人民调解工作室广泛参与、优势互补的“立体化”调解工作网络不断完善，“排查 + 预防 + 调解 + 宣传”工作模式成效显著，推动矛盾纠纷在源头和基层化解。调解案件通过申请司法确认增强调解协议的法律效力，在知识产权矛盾纠纷源头化解的同时，保证调解协议得到快速有效执行。2020 年 7 月，“知识产权纠纷多元化调解机制”作为首都服务业扩大开放试点经验，由商务部、国家知识产权局等 11 部门联合印发通知向全国推广。

本条在固化本市现有知识产权纠纷多元调解工作模式的前提下，鼓励知识产权服务机构、法律服务机构等专业机构为企业和社会公众提供便捷、高效的知识产权纠纷调解服务。

相关规则

《知识产权强国建设纲要（2021—2035 年）》提出，建立完善知识产权仲裁、调解、公证、鉴定和维权援助体系，加强相关制度建设。

《“十四五”国家知识产权保护和运用规划》提出，培育和发展知识产权调解组织、仲裁机构、公证机构。鼓励行业协会、商会建立知识产权保护自律和信息沟通机制。建立健全知识产权调解、仲裁、公证、社会监督等人才的选聘、培养、管理、激励制度。推动完善知识产权纠纷投诉受理处理、诉讼调解对接、调解仲裁对接、行政执法与调解仲裁对接等机制。探索维权援助社会共治模式，鼓励高校、社会组织等开展维权援助工作。

2009 年，最高人民法院出台《关于建立健全诉讼与非诉讼相衔接的矛盾纠纷解决机制的若干意见》（法发〔2009〕45 号），要求充分发挥人民法院、行政机关、社会组织、企事业单位以及其他各方面的力量，促进各种纠纷解决方式相互配合。

2010 年，《中共北京市委办公厅、北京市人民政府办公厅关于构建社会矛盾多元调解体系的意见》（京办发〔2010〕29 号）提出，推动建立人民调解、行政调解和司法调解有效衔接的工作机制。

2015年，北京市知识产权局等8部门联合发布的《北京市加强知识产权纠纷多元调解工作的意见》（现已失效），提出组建北京市知识产权纠纷多元调解协调指导委员会，办公室设在北京市知识产权局。初步构建知识产权部门负责、社会组织为主体、司法行政部门指导、司法部门确认保障的多部门联动的知识产权纠纷多元化调解机制。

2019年11月，中共中央办公厅、国务院办公厅印发《关于强化知识产权保护的意见》，其中多次提及调解工作，涉及培育知识产权纠纷调解组织、探索调解优先和调解协议的司法确认等方面。其中，在加强知识产权快保护机构建设中，明确提出要推广利用调解方式快速解决纠纷，高效对接行政执法、司法保护、仲裁等保护渠道和环节。

2020年8月，中共北京市委办公厅、北京市人民政府办公厅发布《关于强化知识产权保护的行动方案》，其中多次提到调解工作，在“多渠道解决纠纷”和“加强仲裁、调解能力建设”方面，明确提出建立健全仲裁、调解、行政裁决、司法审判等纠纷解决渠道，统筹推进知识产权人民调解、行政调解、司法调解发展，规范调解流程，培养一批专业调解组织和人员。

2021年7月，北京市知识产权局发布的《北京市“十四五”时期知识产权发展规划》明确提出健全纠纷多元解决机制。统筹推进知识产权人民调解、行政调解、司法调解联动发展，完善具有首都特色的知识产权纠纷调解机制和工作体系。

2021年10月，国家知识产权局和司法部联合发布《关于加强知识产权纠纷调解工作的意见》（国知发保字〔2021〕27号），进一步明确知识产权纠纷调解的工作目标以及如何统筹推进相关工作。

2022 年 8 月，北京市知识产权局等 11 部门联合发布《北京市关于加强知识产权纠纷多元调解工作的实施意见》（京知局〔2022〕108 号），进一步完善了首都知识产权多元化解机制，充分发挥调解在强化知识产权全链条保护、助力“两区”建设和优化营商环境的重要作用。

此外，为有效化解知识产权矛盾和纠纷，积极探索建立具有首都特色的知识产权纠纷解决机制，2011 年 7 月，北京市知识产权局曾与北京市高级人民法院签署《知识产权纠纷委托调解合作协议》，目的是充分发挥人民法院、行政机关、社会组织、企事业单位以及其他各方面的力量，促进调解与诉讼等纠纷解决方式相互配合、相互协调和全面发展，做好诉讼与非诉讼渠道的相互衔接，为知识产权纠纷各方提供更多可供选择的纠纷解决方式，降低知识产权维权成本，开辟一条为有效化解知识产权纠纷而进行的探索之路。

第五十二条 本市建立知识产权纠纷诉调对接机制，推广利用调解方式快速解决纠纷。人民法院可以在立案前建议当事人选择调解方式解决纠纷，也可以在立案后经当事人同意委托调解组织或者调解员进行调解；经调解签订调解协议且调解协议内容符合相关法律规定的，人民法院依当事人申请予以司法确认或者制作调解书，并按照有关规定减免诉讼费。

条文条旨

本条是关于建立知识产权纠纷诉调对接机制的规定。

条文说明

知识产权纠纷诉调对接，是指对诉至法院的知识产权纠纷进行适当分流，对适宜调解的知识产权纠纷引导当事人选择非诉讼方式解决，通过推动诉讼与非诉讼纠纷解决方式在程序安排、效力确认、法律指导等方面的有机衔接，健全人民调解、行政调解、行业性专业性调解、司法调解等的协调联动工作体系。①

知识产权纠纷人民调解司法确认，是指知识产权纠纷经人民调解委员会调解达成调解协议后，双方当事人认为有必要的，可以自调解协议生效之日起30日内共同向人民法院申请司法确认。人民法院依法确认调解协议有效，一方当事人拒绝履行或者未全部履行的，对方当事人可以向人民法院申请强制执行。人民法院依法确认调解协议无效的，当事人可以通过人民调解方式变更原调解协议或者达成新的调解协议，也可以向人民法院提起诉讼。②

近年来，北京市三级人民法院对“多元调解＋速裁”纠纷化解机制高度重视。知识产权纠纷案件起诉到法院，法院适用“多元调解”机制，通过委托行业调解组织、特邀调解员化解大量案件，取得了良好效果。本条明确了北京市建立知识产权纠纷诉调对接机制，推广利用调解方式快速解决纠纷。在立案前，人民法院可以建议当事人选择调解方式解决纠纷。在立案后，人民法院也可以经当事人同意委托调解组织或者调解员进行调解。经过知识产权纠纷调解，签订调解协议并且协议内容符合相关法律的规

---

① 参见《最高人民法院关于人民法院进一步深化多元化纠纷解决机制改革的意见》，法发〔2016〕14号，2016年6月28日发布。

② 参见《中华人民共和国人民调解法》第33条。

定，人民法院将根据当事人的申请进行司法确认或者制作调解书，并且按照有关规定减免诉讼费用。知识产权纠纷调解机制可以提高纠纷解决的效率，缩短纠纷解决的时间，降低纠纷解决的成本，有利于保障当事人的权利。

本条规定的目的是基本实现调解在本市知识产权纠纷易发多发的重点区域和行业领域全覆盖，打造形成组织健全、制度完善、规范高效的新时代知识产权纠纷调解工作体系，努力建成人民调解、行政调解、行业性专业性调解、司法调解有机衔接、优势互补、协调联动的多元调解工作格局，切实提升首都知识产权保护水平。

相关规则

《知识产权强国建设纲要（2021—2035 年）》提出，建立完善知识产权仲裁、调解、公证、鉴定和维权援助体系，加强相关制度建设。

《“十四五”国家知识产权保护和运用规划》提出，培育和发展知识产权调解组织、仲裁机构、公证机构。鼓励行业协会、商会建立知识产权保护自律和信息沟通机制。建立健全知识产权调解、仲裁、公证、社会监督等人才的选聘、培养、管理、激励制度。推动完善知识产权纠纷投诉受理处理、诉讼调解对接、调解仲裁对接、行政执法与调解仲裁对接等机制。探索维权援助社会共治模式，鼓励高校、社会组织等开展维权援助工作。

中关村科技园区管理委员会、北京市知识产权局发布的《中关村国家自主创新示范区知识产权行动方案（2019—2021）》（中科园发〔2019〕26 号）提出，完善知识产权“大保护”。构建行政执法、司法审判、多元调解、商事仲裁、法律服务、社会监督、行业自律“七位一体”的知识产权大保护格局，推进知识产权保护更加协同高效。完善知识产权纠纷多元调解工作体系，支持有能力的社会组织开展知识产权调解工作，完善行政、司法部门委托调解工作机制。

第五十三条 支持仲裁机构加强知识产权纠纷仲裁服务能力建设，为当事人提供专业、优质、高效的仲裁服务。政府有关部门应当为仲裁机构开展涉外知识产权仲裁业务提供相关人员工作居留及出入境、跨境收支等方面的便利。

条文条旨

本条是关于加强知识产权纠纷仲裁服务能力建设工作的规定。

条文说明

为了提高知识产权纠纷的解决效率和专业性，本条鼓励知识产权纠纷的双方通过仲裁方式解决纠纷。支持仲裁机构提升服务能力，促进知识产权纠纷的多元化解决，保障当事人获得更加专业、优质、高效的仲裁服务。

政府相关部门应当为仲裁机构的建设和业务发展提供便利，包括为开展涉外知识产权仲裁业务的工作人员提供工作居留、出入境、跨境收支等方面的便利服务。

相关规则

《知识产权强国建设纲要（2021—2035 年）》提出，建立完善知识产权仲裁、调解、公证、鉴定和维权援助体系，加强相关制度建设。

《“十四五”国家知识产权保护和运用规划》提出，培育和发展知识产权调解组织、仲裁机构、公证机构。建立健全知识产权调解、仲裁、公证、社会监督等人才的选聘、培养、管理、激励制度。推动完善知识产权纠纷投诉受理处理、诉讼调解对接、调解仲裁对接、行政执法与调解仲裁对接等机制。探索维权援助社会共治模式，鼓励高校、社会组织等开展维权援助工作。

北京市发展改革委制定的《北京市提升新服务进一步优化营商环境行动方案》明确提出要优化商事仲裁。对当事人申请商事仲裁的，实现速立、速审、速结，并积极推动仲裁中的调解程序，妥善处理商事纠纷。加强国际商事仲裁服务能力建设，提升仲裁员队伍专业化、国际化水平，探索建设有利于国际商事仲裁服务业开放的政策环境，打造国际商事仲裁中心城市。

第六章　法律责任

第五十四条　网络服务提供者违反本条例第二十八条规定的，由文化和旅游、市场监督管理等部门责令限期改正；逾期不改正的，处一万元以上五万元以下罚款；情节严重的，处五万元以上二十万元以下罚款。

条文条旨

本条是关于网络服务提供者行政责任的规定。

条文说明

本条明确规定了网络服务提供者违反本条例第 28 条规定，即未履行知识产权协同保护义务时所应承担的行政责任类型，明确了具有行政处罚权的知识产权保护管理部门的范围，并且规定了相关处罚的自由裁量范围。

《电子商务法》仅在电子商务平台经营者未履行该法第 42 条、第 45 条施加的采取必要措施这一知识产权协同保护义务时，通过该法第 84 条对其课以行政责任。《电子商务法》《信息网络传播权保护条例》及相关司法解释并未对网络服务提供者未履行除采取必要措施以外的其他知识产权协同保护义务的行为课以行政责任。

在此情况下，本条依据《立法法》第 72 条和第 73 条的规定，根据北京市的实际情况具体规定了网络服务提供者不履行建立知识产权保护规则、采取预防侵权措施、保障权利人的侵权通知权、及时公示侵权通知或不存在侵权行为声明或处理结果这四项知识产权协同保护义务时所应承担的行政责任，以落实《电子商务法》《信息网络传播权保护条例》施加于网络服务提供者的知识产权协同保护义务，在地方事权范围内发挥地方立法“查漏补缺”的作用。

进一步而言，本条规定了网络服务提供者不履行知识产权协同保护义务所应承担的行政责任类型。本条规定，对于网络服务提供者违反本条例第 28 条规定，市文化和旅游、市场监督管理等部门首先有权责令网络服务提供者限期改正；逾期不改正的，文化和旅游、市场监督管理等部门有权对网络服务提供者处 1 万元以上 5 万元以下的罚款；情节严重的，有权处 5 万元以上 20 万元以下罚款。

本条规定的具有行政处罚权的知识产权保护管理部门，重点提出了市文化和旅游、市场监督管理部门。它们对著作权侵权、假冒专利及商标侵权、专利侵权等知识产权侵权违法行为具有行政处罚权。

本条是衔接本条例第 28 条网络服务提供者知识产权协同保护义务条款的法律责任条款，与第 28 条结合组成法律规范群，从而构建了具有“假定—行为模式—后果”要素的完整法律规则。

本条在地方事权范围内，压实了本条例第 28 条规定的网络服务提供者所负有的知识产权协同保护义务，为知识产权权利人提供了充分的行政保护，弥补了《电子商务法》《信息网络传播权保护条例》仅规定相关主体知识产权协同保护义务而未规定相应行政责任的空白。根据《行政处罚法》第 12 条第 3 款的规定,[1] 本条例在《电子商务法》《信息网络传播权保护条例》未对网络服务提供者违反本条例第 28 条即不履行上述四项知识产权协同保护义务的行为作出行政处罚规定的情况下，在通过听证会、论证会等形式广泛听取意见，并向市人大常委会作出书面说明后，补充设定了本条行政处罚规定。

相关规则

仅凭《电子商务法》第 84 条所规定的确保网络平台采取必要措施的行政责任条款，并不足以确保网络平台在知识产权保护方面充分发挥其对平台内知识产权治理的协同监管作用，也不足以保障《电子商务法》所设计的“通知—删除”程序的顺利启动、有效运作。《电子商务法》施加于网络平台的建立知识产权保护规则、与权利人合作、不妨碍权利人行使通知权、及时采取必要措施并转送侵权通知、及时公示侵权通知或不存在侵权行为的声明或处理结果等知识产权保护、监管和治理行政义务，对于网络平台发挥平台内知识产权的协同监管作用、保障“通知—删除”规则顺利运行、实现权利人在平台领域的快速维权而言，并非可有可无，而是十分必要的。

有鉴于此，本条例“直面问题、聚焦问题”[2]，面对网络平台未能切实履行其作为平台协同监管者所负有的知识产权协同保护义务而导致我国平台内知识产权侵权案件数量急剧增长、“网络已

---

① 《行政处罚法》第 12 条第 3 款规定：“法律、行政法规对违法行为未作出行政处罚规定，地方性法规为实施法律、行政法规，可以补充设定行政处罚。拟补充设定行政处罚的，应当通过听证会、论证会等形式广泛听取意见，并向制定机关作出书面说明。地方性法规报送备案时，应当说明补充设定行政处罚的情况。”

② 习近平：《加快建设社会主义法治国家》，载《习近平谈治国理政》（第二卷），外文出版社 2017 年版，第 123 页。

经成为知识产权侵权违法行为的最主要发生地之一”① 等问题，不仅在第 28 条明确规定了网络服务提供者知识产权协同保护义务的具体内容，还在本条针对这些义务条款设立相应的行政责任条款，充分弥补了《电子商务法》《信息网络传播权保护条例》的立法空白。

第五十五条 展会主办方、承办方违反本条例第二十九条规定的，由知识产权部门责令改正，根据情节轻重，可以处警告、通报批评或者三万元以上十万元以下罚款。

条文条旨

本条是关于展会主办方、承办方未履行本条例规定的知识产权保护义务而产生的行政责任的规定。

条文说明

本条明确规定了展会主办方、承办方违反本条例第 29 条规定，即未履行知识产权协同保护义务时所应承担的行政责任类型，明确了具有行政处罚权的知识产权保护管理部门，并且规定了处罚的自由裁量范围。其中，具有行政处罚权的知识产权保护管理部门，是市、区两级知识产权行政管理部门。根据《北京市展会知识产权保护办法》的规定，市知识产权负责本市展会知识产权工作的统筹协调。区、县人民政府负责本行政区域内展会知识产权保护工作的领导和协调。

知识产权、工商行政管理、版权等知识产权行政管理部门

① 周强（最高人民法院院长）：《最高人民法院关于人民法院知识产权审判工作情况的报告》，2021 年 10 月 21 日在第十三届全国人民代表大会常务委员会第三十一次会议。

（以下统称知识产权行政管理部门）应当依照各自职责做好对展会知识产权保护工作的指导和监督，帮助主办方建立健全展会知识产权保护制度。

对于展会主办方、承办方违反本条例第 29 条规定的知识产权协同保护义务的行为，市知识产权部门不仅有权责令改正，而且可以根据情节轻重，处警告、通报批评或者 3 万元以上 10 万元以下的罚款。

本条是衔接本条例第 29 条展会主办方、承办方知识产权协同保护义务条款的法律责任条款，与第 29 条结合组成法律规范群，从而构建了具有“假定—行为模式—后果”要素的完整法律规则。本条在地方事权范围内，压实了本条例第 29 条规定的展会主办方、承办方所负有的知识产权协同保护义务，为知识产权权利人提供了充分的行政保护保障。根据《行政处罚法》第 12 条第 3 款的规定，本条例在《展会知识产权保护办法》未对展会主办方、承办方违反本条例第 29 条，即不履行知识产权协同保护义务的行为作出行政处罚规定的情形下，在通过法定程序广泛听取意见后，补充设定了本条行政处罚规定，其中特别新增了“通报批评”的处罚。

第五十六条　违反本条例规定，侵犯他人知识产权的，依法承担民事责任；构成犯罪的，依法追究刑事责任。

条文条旨

本条是关于违反本条例的知识产权违法行为的民事、刑事责任竞合的规定。

条文说明

本条是援引条款或者准用性规范，明确规定了行为人在违反本条例规定的尊重或保护知识产权的不作为或作为义务时，应当承担其他法律所规定的民事责任或者刑事责任。同时，本条也为适用其他法律法规课处民事责任或者刑事责任提供了一套适用标准，即是否违反本条例所规定的尊重或保护知识产权的不作为或作为义务。

本条例所规定的尊重或保护知识产权的不作为或作为义务，即行为人从事各种行为时所负有的注意义务。本条例设立这些注意义务是为了维护知识产权权利人的私人利益，保护权利人的知识产权，故而这些注意义务是侵权法层面上的注意义务。行为人从事的违反注意义务的行为构成过错行为，因而要承担《专利法》《著作权法》《商标法》《反不正当竞争法》《民法典》等法律法规所规定的民事侵权责任。

具体而言，本条例规定的尊重或保护知识产权的不作为或作为义务主要包括以下几项。

一是第 17 条第 2 款对行政机关、司法机关以及仲裁、调解等服务机构及其工作人员施加的商业秘密保密义务、不得泄露或非法向他人提供商业秘密义务。

二是第 28 条对网络服务提供者施加的建立知识产权保护规则、采取预防侵权措施、保障权利人的侵权通知权、及时公示侵权通知或不产生侵权行为的声明或处理结果这四项知识产权协同保护义务。

三是第 29 条对展会主办方、承办方施加的展前审查知识产权状况且督促参展方进行知识产权状况检索、要求参展方作出不侵权承诺、与参展方约定知识产权投诉处理程序和解决方式、接受投诉或调查处理并在展会结束后将相关资料报送知识产权部门、对初步判定涉嫌侵权的参展项目采取处理措施等知识产权协同保护义务。

四是第30条施加于大型文化体育活动主办方、承办方的知识产权协同保护义务。

此外，根据本条例第31条第1款的规定，对于参加政府采购、申请政府资金、参评政府奖项等活动的单位或个人而言，如果其违背所作出的不侵权承诺从事知识产权侵权行为，除了面临本条例第33条规定的失信惩戒以及承担《专利法》《著作权法》《商标法》《反不正当竞争法》《民法典》等法律法规所规定的民事侵权责任之外，还会承担知识产权合规承诺所约定的民事违约责任。

根据本条例第31条第2款的规定，对于从事交易、投资、合作等市场活动的市场主体而言，如果其违背了事先作出的不侵权承诺从事知识产权侵权行为，除了承担《专利法》《著作权法》《商标法》《反不正当竞争法》《民法典》等法律法规所规定的民事侵权责任之外，还会承担知识产权合规承诺所约定的民事违约责任。

如果行为人违反本条例所规定的尊重或保护知识产权的不作为或作为义务的同时，还违反了《刑法》规定的不作为义务或作为义务，且这种行为对知识产权的侵害达到了值得课处刑罚的程度，那么行为人此种违反《刑法》规定的不作为义务或作为义务的行为即构成犯罪，因而要承担《刑法》规定的刑事责任。

由于本条是援引条款或者准用性规范，所以适用本条对行为人课处民事责任，不仅需要查明本条例施加于行为人的各项尊重或保护知识产权的不作为或作为义务，还应结合《专利法》《著作权法》《商标法》《反不正当竞争法》《民法典》法律法规确定民事责任；适用本条对行为人课处刑事责任，还应满足《刑法》“分则”第三章第七节“侵权知识产权罪”诸条款的构成要件。

第七章　附　　则

第五十七条　本条例自2022年7月1日起施行。

条文条旨

本条是关于本条例施行日期的规定。

条文说明

法律的施行日期，即法律的生效日期，是法律实施不可缺少的条件。《立法法》第57条规定："法律应当明确规定施行日期。"一部法律何时开始生效，一般是由该法律的具体性质和实际需要决定的。我国立法实践中通常有三种做法：一是规定该法律自公布之日起施行；二是规定该法律公布后一段期限截止后开始生效，具体时间为期限截止之时；三是直接规定该法律的具体生效时间，通常会为法律的实施留出一定的宣传和准备时间，这一方式目前使用最多，本条例亦采用这一方式。根据本条规定，本条例开始生效的时间是2022年7月1日。

此外，《立法法》第93条规定："法律、行政法规、地方性法规、自治条例和单行条例、规章不溯及既往，但为了更好地保护公民、法人和其他组织的权利和利益而作的特别规定除外。"该规定确立了法律不溯及既往的基本原则，根据该规定，对本条例生效前在本市范围内发生的知识产权保护相关问题，应执行当时法律法规的规定。

附　　录

1. 北京市人民代表大会教育科技文化卫生委员会关于《北京市知识产权保护条例（草案）》修改情况的报告

——2021 年 11 月 25 日在北京市第十五届人民代表大会常务委员会第三十五次会议上

北京市人大教育科技文化卫生委员会副主任委员　柳贡慧

主任、各位副主任、秘书长、各位委员：

2021 年 9 月，市十五届人大常委会第三十三次会议对《北京市知识产权保护条例（草案）》（以下简称《条例（草案）》）进行了第一次审议。共有 15 位常委会组成人员和 1 位列席代表对《条例（草案）》发表了意见。大家认为《条例（草案）》制度设计较为全面，措施具体可行，符合本市知识产权保护的实际需要，总体上较为成熟。同时就进一步完善《条例（草案）》提出了修改建议。

为做好《条例（草案）》修改工作，教科文卫办公室在市人大门户网站公开征求了社会各界的意见，召开座谈会听取了部分市人大代表、市场主体、服务机构、行业协会和专家学者等方面的意见建议，并就修改内容征求了市人大常委会法制办公室、市政府有关部门和司法机关的意见。11 月 11 日，教科文卫委员会召开第十九次会议，研究提出了《北京市知识产权保护条例（草案二次审议稿）》（以下简称草案二次审议稿）。现将有关修改情况报告如下：

一、关于进一步明确立法目的

常委会组成人员和有关方面提出，应当进一步明确建设知识产权首善之区，支持和促进国际科技创新中心和全国文化中心建设这一立法目的。建议将第一条修改为："为了加强知识产权保护，激发创新创造活力，建设知识产权首善之区，支持和促进国际科技创新中心和全国文化中心建设，服务和推动首都经济社会高质量发展，根据有关法律法规，结合本市实际情况，制定本条例。"（草案二次审议稿第一条）

二、关于明确知识产权的定义和范围

常委会组成人员提出，《条例（草案）》应当对知识产权的定义和范围作出规定。建议在第二条增加第二款，表述为："本条例所称知识产权，是指权利人依法就下列客体享有的专有的权利：（一）作品；（二）发明、实用新型、外观设计；（三）商标；（四）地理标志；（五）商业秘密；（六）集成电路布图设计；（七）植物新品种；（八）法律规定的其他客体。"（草案二次审议稿第二条第二款）

三、关于完善对著作权等的保护措施

常委会组成人员和有关方面提出，北京作为全国文化中心，聚集了丰富的文化资源，文化市场繁荣，作品创作高度活跃，《条例（草案）》应当对著作权保护和促进分别作出专门规定。建议一是增加一条有关著作权保护的规定，表述为："版权、文化和旅游部门应当加强对著作权侵权违法行为的监管，制定适应网络环境和数字经济形态的著作权保护措施。市版权部门应当依法确定重点监管网站，建立重点作品预警制度，对国家和本市版权部门确定的重点监管网站加强监管。市版权部门应当完善作品自愿登记工作，支持自然人、法人和非法人组织进行作品自愿登记。”（草案二次审议稿第十四条）二是增加一条促进版权产业发展的规定，表述为：“本市支持版权产业发展，建立数字出版精品库。鼓励新闻出版广播影视等企业开展版权资产管理和运营，形成全产业链的开发经营模式，提升内容生产原创活力和转化质量。”（草案二次审议稿第三十四条）

针对北京大型赛事、演出活动密集等特点，建议增加一条关于体育、文化活动中知识产权保护的规定，表述为：“体育、文化等重要活动的主办方、承办方，应当在知识产权保护管理部门的指导下，依法加强知识产权保护，规范知识产权使用行为。”（草案二次审议稿第二十八条）

四、关于加强知识产权司法保护

常委会组成人员和司法机关等提出，《条例（草案）》应当落实中央对知识产权司法保护提出的相关要求，进一步加强知识产权司法保护力度。根据本市知识产权审判工作实际，建议一是增加“支持北京知识产权法院、北京互联网法院等审判机构强化知识产权审判功能，发挥专业化审判作用”的规定。（草案二次审议稿第二十条第二款）二是规定人民法院应当依法实施“知识产权行为保全制度”，及时为权利人提供司法救济；同时明确提出要“推进和深化”案件繁简分流、在线诉讼等方式，进一步推动知识产权案件审判质效的提高。（草案二次审议稿第二十条第一款）

五、关于完善知识产权信用监管

常委会组成人员和有关方面提出，为扩大社会监督，加强协同共治，有必要对完善知识产权信用监管作出规定。建议增加一条表述为："本市建立健全知识产权信用评价和失信惩戒机制，依法对知识产权领域严重失信行为实施相应管理和惩戒措施。知识产权保护管理部门应当依法将有关行政处罚等信息，共享到本市公共信用信息服务平台，并向社会公布。"（草案二次审议稿第三十一条）

六、关于促进知识产权服务机构发展和加强人员队伍建设

常委会组成人员和有关方面提出，知识产权服务机构在知识产权创造、运用、保护等全链条中起着不可或缺的作用，应当对促进和规范其发展作出规定。建议增加一条表述为："本市促进和规范知识产权服务业发展，指导相关行业协会开展分级分类评价。培育国际化、市场化、专业化知识产权服务机构，支持其依法开展知识产权代理、咨询、投融资等活动，鼓励发展高附加值的知识产权服务。"（草案二次审议稿第四十四条）为提高相关行政管理、司法、公共服务、科技创新等人员的知识产权保护意识、能力和水平，建议增加有关"组织对从事知识产权行政管理、司法、公共服务、科技创新等工作的相关人员开展业务培训"的表述。（草案二次审议稿第四十五条第二款）

此外，根据常委会组成人员的审议意见和各方面的意见，在草案二次审议稿第三十七条增加了有关企业知识产权工作的表述；对《条例（草案）》作了一些文字修改，并对部分条文的顺序作了调整。

教科文卫委员会按照上述意见，提出《北京市知识产权保护条例（草案二次审议稿）》，提请本次常委会会议进行审议。

草案二次审议稿和以上报告是否妥当，请审议。

2. 北京市人民代表大会常务委员会教育科技文化卫生办公室关于《北京市知识产权保护条例（草案）》立法工作情况的报告

——2021 年 9 月 23 日在北京市第十五届人民代表大会常务委员会第三十三次会议上

北京市人大常委会教育科技文化卫生办公室主任　刘玉芳

主任、各位副主任、秘书长、各位委员：

2021 年 3 月，市人大常委会主任会议讨论通过了关于制定《北京市知识产权保护条例》的立项论证报告。为高质量完成立法工作，成立了由市人大常委会、市政府分管领导任组长，市人大常委会教科文卫办公室、法制办公室、市司法局、市知识产权局等有关部门组成的立法工作组，共同开展起草工作。在工作组开展调研的基础上，教科文卫办公室组织召开座谈会广泛听取了市人大代表、市有关部门、企业、高校院所、服务机构、行业协会、专家学者等各方面的意见建议；围绕知识产权保护共性问题、司法保护、著作权保护等方面，赴市知识产权保护中心、北京知识产权法院、中国版权保护中心等单位开展实地调研；书面征求了各区人大常委会的意见建议。常委会分管领导多次参加调研座谈，并对条例起草工作作出指示和要求。9 月 13 日，教科文卫委员会第十八次会议对立法工作情况报告进行了研究。9 月 15 日，常委会主任会议讨论了教科文卫办公室关于《北京市知识产权保护条例（草案）》（以下简称《条例（草案）》）立法工作情况的报告。

现将相关情况报告如下：

一、对《条例（草案）》的总体评价

教科文卫办公室认为，市政府提请常委会审议的《条例（草案）》贯彻了习近平总书记有关知识产权保护的系列重要论述精神，较好地落实了立项论证报告提出的基本思路和总体要求，立项论证报告中提出的主要制度措施，在《条例（草案）》中基本得到了体现，并对落实《知识产权强国建设纲要（2021—2035）》中有关要求作出了适当规定。一是建立健全了知识产权保护工作制度和机制。进一步明确了政府知识产权保护职责，建立健全知识产权办公会议制度。加大知识产权行政和司法保护力度，健全完善了举报投诉机制、侵权违法行为线上线下快速协查机制、技术调查官制度、行政执法和司法保护衔接机制等。二是构建协同保护的工作格局和多元纠纷调处机制。加强了行业自律，强化了网络服务提供者和展会经营者的知识产权保护责任，建立了开展专利裁决时与国务院专利行政部门的联动机制，完善了知识产权纠纷诉讼和调解对接机制等。三是彰显首都特色，完善了知识产权服务各项措施。明确本市应建立知识产权公共服务体系，在开展专利预审、专利导航、知识产权分析评议，完善知识产权金融，推动建设知识产权交易平台，设立重点产业知识产权运营基金等方面作出了具有本市特色的创新性规定。四是对探索大数据、人工智能等新技术、新产业、新业态、新模式的知识产权保护作出了前瞻性规定。

二、建议进一步研究的重点问题

根据调研座谈了解的情况，教科文卫办公室认为下列问题还需要进一步研究，建议在审议中予以重点关注：

1. 进一步明确本市条例的立法目的。一是建设国际科技创新中心和全国文化中心，是中央赋予北京的战略使命。要通过立法进一步加强知识产权保护，更好发挥知识产权在推动国际科技创新中心和全国文化中心建设中的重要作用，建议在《条例（草案)》中对此予以明确。二是建设知识产权首善之区是本市知识产权保护工作的总体目标。多年来本市围绕这一目标开展了大量工作，取得了显著成效，未来还将持续加强，建议在《条例（草案)》中对建设知识产权首善之区予以明确。

2. 完善对著作权等的保护和促进措施。调研中有关方面提出，北京作为全国文化中心，聚集了丰富的文化资源，文化市场繁荣，作品创作高度活跃。但是，著作权保护面临的问题还比较多，特别是网络环境下的著作权侵权尤为严重。建议在《条例(草案)》中进一步完善有关著作权保护的内容，加大对著作权侵权违法行为的监管力度，健全预警机制，加强源头治理，制定更加适应网络形态下著作权保护的措施；并完善激励促进作品创作的举措，提升内容生产原创活力和著作权转化质量，丰富高品质文化产品供给。同时，针对北京大型演出、赛事活动密集等特点，建议增加在大型文化体育活动中加强知识产权保护的条款。

3. 完善知识产权司法保护有关内容。知识产权司法保护作为知识产权保护体系的重要力量，发挥着不可替代的作用。调研中有关方面建议完善知识产权司法保护的内容，进一步落实中央对知识产权司法保护提出的相关要求。一是完善知识产权侵权惩罚性赔偿制度。二是针对本市知识产权案件审理特点，加强知识产权法院、互联网法院审判能力建设。三是进一步明确技术调查官参与知识产权案件司法诉讼、调查取证等活动时所履行的职责。

4. 强化企业知识产权保护有关规定。本市高新技术企业高度聚集，调研中有代表提出，企业既是创新的主体，也是知识产权创造、运用、保护的主体。建议《条例（草案）》在推动企业建立健全知识产权管理制度，提高保护意识，增强自我保护能力，以及加大对企业知识产权的保护力度、支持企业提升知识产权竞争力等方面作出规定。

5. 加强知识产权服务机构和人才队伍建设。一是知识产权服务机构在知识产权创造、运用、保护等全链条中起着不可或缺的作用。《条例（草案）》中多次提到知识产权服务机构在专利导航、仲裁调解、知识产权金融和信息服务等方面应当发挥相应的功能和作用，建议在《条例（草案）》中对促进和规范知识产权服务机构发展作出专门规定。二是调研中有代表提出，知识产权保护工作涉及的法律、技术等情况比较复杂，对相关执法人员、从业人员的要求较高，建议增加对相关人员开展培训的措施，提高有关人员的知识产权保护工作能力和水平。

6. 强化知识产权信用监管。在调研过程中，有关方面提出应强化对知识产权的信用监管，提高知识产权侵权违法行为成本。建议《条例（草案）》按照国家市场监管总局关于《市场监督管理严重违法失信名单管理办法》（2021）等规定，在完善知识产权信用监管机制，探索信用分级分类监管措施，依法依规对知识产权领域严重违法失信行为实施惩戒等方面作出规定，扩大社会监督，加强协同共治。

以上意见，供常委会组成人员在审议时参考。

3. 关于《北京市知识产权保护条例（草案）》的说明

——2021 年 9 月 23 日在北京市第十五届人民代表大会常务委员会第三十三次会议上

北京市司法局局长　李富莹

主任、各位副主任、秘书长、各位委员：

我受市人民政府委托，现就提请本次会议审议的《北京市知识产权保护条例（草案）》（以下简称草案）作如下说明：

一、立法背景

知识产权是民事主体对其智力成果、经营活动中的标记及信誉等依法享有的权利。本市创新资源丰富，知识产权数量和质量均位居全国前列。截至 2021 年 7 月，北京地区专利授权量 87.7 万件，有效发明专利量 37.8 万件，每万人发明专利拥有量 172.6 件（居全国首位）；商标有效注册量 239.3 万件。2020 年著作权登记量 100.5 万件，软件著作权登记量 20.4 万件。保护知识产权对激励创新创造、推动经济社会高质量发展具有重要作用。

我国目前已经形成由《著作权法》《商标法》《专利法》等法律法规组成的知识产权保护法律体系。本市立足首都城市战略定位，2005 年市人大常委会制定《北京市专利保护和促进条例》，2008 年市政府制定《北京市展会知识产权保护办法》，知识产权保护体系不断健全、保护力度不断加强，全社会尊重和保护知识产权意识明显提升。

近年来，党和国家将知识产权保护工作摆在更加重要的位置。2020年11月，习近平总书记在中共中央政治局第二十五次集体学习中指出，创新是引领发展的第一动力，保护知识产权就是保护创新；要提高知识产权保护工作法治化水平。2021年9月，中共中央、国务院印发《知识产权强国建设纲要（2021—2035年）》为知识产权强国建设进一步明确目标、指明方向。面对新形势新要求，本市知识产权保护工作也暴露出一些不适应的地方，亟须制定一部符合首都城市战略定位、彰显首都特色、反映时代特点的知识产权综合立法。

二、立法工作过程

2021年3月31日，市十五届人大常委会第七十九次主任会议同意《条例》立项。为提高立法工作质效，形成工作合力，3月初成立由北京市人大常委会时任副主任杜飞进、副市长殷勇任组长，市人大常委会教科文卫办、市人大常委会法制办、市司法局、市知识产权局、市版权局、市市场监管局等部门组成的立法工作组，集中开展调研起草工作。

8月19日，市知识产权局将《北京市知识产权保护条例（草案送审稿）》报送市政府进行法律审查。市政府在审查阶段重点开展了以下工作：一是书面征求市各相关部门、各区政府、市高院、市检察院、市法学会、市律协等的意见；二是赴知识产权法院、知识产权保护机构等开展实地调研，多次召开座谈会听取基层执法单位以及高校院所、企业、行业组织、服务机构代表等的意见；三是召开市政府立法工作法律专家工作组会议，对司法机关保护职责、网络服务提供者保护义务等重点制度设计进行法律审核。

在充分调研、反复修改完善的基础上，形成了目前的草案。

草案已经2021年9月14日第127次市政府常务会议审议通过。

三、立法思路与主要内容

（一）立法思路

一是贯彻落实习近平总书记关于知识产权保护的重要指示精神及《知识产权强国建设纲要（2021—2035年）》等的新要求；二是立足地方事权，坚持问题导向，聚焦制约首都知识产权高质量发展的突出问题，提供优质高效的知识产权保护服务；三是坚持综合立法定位，兼顾知识产权共性问题和个性特点，制度设计贯穿知识产权创造、运用、管理、服务、纠纷解决全链条。

（二）主要内容

草案共七章51条，分为总则、行政与司法保护、协同保护、促进与服务、多元纠纷调处、法律责任和附则。主要内容包括以下五个方面：

1. 构建行政监管、司法保护、行业自律、文化自觉的保护体系

一是明确市和区政府、知识产权保护管理各部门及相关部门知识产权保护工作职责。（第5条、第6条）二是规定法院完善知识产权审判机制，依法实施惩罚性赔偿制度，通过繁简分流、在线诉讼等方式，提高知识产权案件审判质效。（第19条）三是建立知识产权合规承诺制，强化市场主体自我约束；行业组织开展自律管理，提供政策研究、创造运营、纠纷调处等行业服务。（第27条、第28条）四是强化知识产权知识普及和文化宣传，增强全社会知识产权保护意识。（第3条）

2. 实行全面、严格、快捷、平等的知识产权保护

一是要求知识产权保护机构围绕重点产业，提供专利预审、导航运营、维权指导、纠纷调处等服务，提高保护服务水平。（第

11 条）二是重点明确网络平台、展会主承办方应当履行的知识产权保护义务。（第 25 条、第 26 条）三是支持市场主体探索新技术、新产业、新业态、新模式知识产权管理措施和保护模式；强化数据、数字产品知识产权保护。（第 7 条、第 13 条、第 14 条）四是要求知识产权保护管理部门建立侵权违法行为投诉举报机制，完善执法协作工作平台，运用技术手段对重点领域、场所开展监督检查，及时发现侵权违法行为，加大行政监管执法力度。（第 16 条至第 18 条）

3. 支持先行先试，扩大知识产权领域对外开放

一是支持“两区”、中关村等根据授权在知识产权保护体制机制、政策措施等方面先行先试。（第 7 条）二是支持境外服务机构等依法在本市开展业务，推动建立国际知识产权交易、运营平台；加强与“一带一路”沿线等国家的城市间知识产权交流合作。（第 9 条）三是建立海外知识产权纠纷应对指导和维权援助机制，为市场主体在境外处理知识产权纠纷提供专家、信息、法律等方面的支持。（第 40 条）

4. 促进知识产权高质量创造运用，加强公共服务保障

一是规定市知识产权部门通过专利预审等方式，对国家重点产业等领域的专利申请提供便捷服务；组织实施商标品牌战略工程，引导市场主体培育商标品牌。（第 29 条、第 32 条）二是建立健全专利导航、重大经济科技活动知识产权分析评议等知识产权引导创新发展机制，服务产业发展，防范和化解知识产权风险隐患。（第 30 条、第 33 条）三是市、区政府推动知识产权交易、数字著作权交易、国际影视动漫著作权贸易等平台建设；金融监管、知识产权等部门引导金融机构优化知识产权信贷、担保服务。（第 35 条、第 36 条）四是市、区知识产权保护管理部门依托公共服务

中心、工作站建立健全知识产权公共服务体系，免费提供法律咨询、宣传培训、维权援助、纠纷调解等知识产权公共服务；建立公共信息综合服务平台，组建志愿者队伍，提供信息和志愿服务。(第38条、第39条)

5. 推进知识产权纠纷多元调处

一是市知识产权部门在专利裁决中，对当事人专利无效申请，与国务院专利部门协同处理，提高处理效率。（第42条）二是鼓励成立行业性、专业性人民调解组织提供调解服务；人民法院建立诉调对接机制，推广利用调解方式快速解决纠纷。（第44条、第45条）三是支持仲裁机构加强知识产权纠纷仲裁能力建设。(第46条）四是建立技术调查官和律师调查令制度，提高司法案件办理效能。(第20条、第22条)

此外，草案还对网络服务提供者、展会主承办方不履行知识产权保护义务的行为，设定了相应的法律责任。

草案已印送各位委员，请予审议。